HEYNE KOCHBÜCHER

Cornelia Adam

Die Kürbisküche

Über 100 internationale
Koch- und Backrezepte

Mit einer Kürbiskunde und Fotos von
Dr. Michael Brancucci,
Naturhistorisches Museum, Basel

Originalausgabe

Wilhelm Heyne Verlag
München

HEYNE KOCHBUCH
07/4711

Umwelthinweis:
Dieses Buch wurde auf
chlor- und säurefreiem Papier gedruckt.

4. Auflage

Printed in Germany 1998
Umschlaggestaltung: Atelier Ingrid Schütz, München
Umschlagfoto: Ulla Mayer-Raichle, Kempten
Innenfotos: Brancucci, Naturhistorisches Museum, Basel (S. 17, 19);
Ulla Mayer-Raichle, Kempten (S. 37, 55, 97, 115, 133)
Satz: Schaber Satz- und Datentechnik, Wels
Druck und Bindung: RMO-Druck, München

ISBN 3-453-12996-2

Inhalt

Abkürzungen und Erklärungen:

EL = Eßlöffel
TL = Teelöffel
Msp = Messerspitze
l = Liter
cl = 1 Zentiliter ($^{1}/_{100}$ l)
g = Gramm
kg = Kilogramm

Wo nicht anders angegeben, sind die Rezepte für 4 Personen berechnet.

Einleitung

Es war einmal ...

Nach seinem Dornröschenschlaf ist der Kürbis in den letzten Jahren wieder zu einer begehrten Delikatesse von hohem gesundheitlichen Wert avanciert und steht sowohl in der Naturkost-Küche als auch in Gourmet-Restaurants auf der Speisekarte. Daß der Kürbis eine wohlverdiente Renaissance erlebt, verdankt er zum Teil auch Kürbisausstellungen, wie sie beispielsweise im Botanischen Garten in München stattfinden.
Der Kürbis hat eine über 8000 Jahre alte Geschichte und Tradition, die bis zu den indianischen Vorfahren in Mittel- und Südamerika und zu den mexikanischen Ureinwohnern zurückreicht.

Als Kinder holten wir uns in der Herbstzeit von Feldern oder aus Gärten größere Kürbisse. Wir schnitten das Fruchtfleisch heraus, entfernten die unzähligen Kerne und breiteten sie auf Zeitungspapier zum Trocknen aus. Später haben wir sie dann aus der Schale geknackt und gegessen. In die ausgehöhlten Kürbisse schnitten wir Augen, Nase und Mund und stellten Kerzen in das Innere. Die Gesichter wirkten nachts wie gespenstische Fratzen. Dies gehörte alljährlich zu unseren herbstlichen Vergnügungen.

Das Kürbisfleisch wurde süß-sauer mit Gewürznelken und Zimt eingelegt und den Winter über zu gekochtem Rindfleisch oder Wild gegessen.

Mit dem braungrünen »Kernöl« machte ich zum erstenmal bei

einem Besuch in der Steiermark Bekanntschaft und liebe es seitdem wegen seines ganz besonderen nussigen Aromas. Auf dünn aufgeschnittenem kaltem Tafelspitz, mit etwas Balsamico-Essig und feingehackten Schalotten ist es einfach eine Köstlichkeit.
Damit nicht genug, denn der Kürbis bietet unbegrenzte Möglichkeiten: Von der exotischen Suppe, im Salat, als Sauce zum feinen Fischgericht, im deftigen Eintopf mit Fleisch, als vegetarische Variante, als Gebäck, Dessert, als Marmelade und Chutney.
Es gibt viel zu probieren – viel Spaß beim Kochen und Genießen!

Rund 800 Kürbissorten

Der Kürbis gehört zur Familie der Kürbisgewächse, deren botanischer Name *Cucurbitaceae* lautet. Es gibt rund 800 verschiedene Speise- und Zierkürbisse, die vielfältige, zum Teil sehr fantasievolle Formen, Farben und Größen sowie klangvolle Namen haben. Kürbisse zählen zu den größten Einzelfrüchten im Pflanzenreich. Einige Exemplare – wie zum Beispiel der *Atlantic Giant* – können ein Gewicht von bis zu 100 Kilogramm und mehr erreichen. Umgangssprachlich werden sie zwar als Gemüse bezeichnet, korrekterweise sind sie aber Beerenfrüchte (wie Orangen, Bananen und Tomaten auch) und können gelb, orange, fast weiß oder grünlich gefärbt sein. Meist haben sie faseriges, carotinhaltiges, gelbes, süßliches Fleisch, das manchmal die 12fache Menge an Carotin beinhaltet wie Möhren – hier seien als Beispiel nur der *Hokkaido* und der *Muscade de Provence* genannt. Ihre ovalen flachen Samen sind ölhaltig und sehr eiweißreich. Speziell aus dem *Steirischen Ölkürbis* wird Kürbiskernöl gewonnen, ein hochwertiges Pflanzenöl, das mehrfach ungesättigte Fettsäuren und Vitamin E enthält, sehr gesund ist und besonders fein schmeckt.

Urgewächse aus vorchristlicher Zeit

Das Heimatland der Kürbisse ist das tropische Mittel- und Südamerika. Ihre Herkunft aus warmen Ländern zeigt sich auch an ihrem Wärmebedürfnis und ihrer Frostempfindlichkeit. Aufgrund archäologisch-prähistorischer (Grab-)Funde haben Wissenschaftler herausgefunden, daß Kürbisse zu den ältesten Kultur- und Nahrungspflanzen Amerikas gehören. Man nimmt an, daß sie bereits zwischen 5000 und 3000 vor unserer Zeitrechnung von den indianischen Ureinwohnern, den Indios, in Peru und in Mexiko angebaut wurden – oft in Mischkultur zusammen mit Mais und Bohnen. Erst mit der Entdeckung Amerikas durch Kolumbus kamen die Kürbisse auch nach Afrika und Europa, wo man sie zunächst nur als Zierpflanzen (Zierkürbisse) kultivierte und als »fremde oder indianische Kürbisse« bezeichnete. Vor der Entdeckung Amerikas war in Europa nur der Flaschenkürbis *(Lagenaria siceraria),* der aus dem tropischen Afrika stammt, bekannt. Dies hat sich mittlerweile stark geändert: Durch Auslese und Züchtung in den verschiedensten Ländern hat sich eine so große Sortenvielfalt an Kürbissen entwickelt, daß eine bestimmte Frucht von ihrer äußeren Erscheinung her häufig kaum als Kürbis zu erkennen ist. Oder hätten sie beispielsweise hinter den länglichen Zucchini eine amerikanische Kürbisart – den *Acorn* – vermutet?

Warum der »Kaiser des Gartens« so gesund ist

Die Chinesen nennen den Kürbis auch »Kaiser des Gartens«. Er gilt in China als ein Symbol für Fruchtbarkeit und Gesundheit und soll angeblich die Potenz steigern. Die tropische Beerenfrucht ist so gesund und nahrhaft, weil sie zu rund 90 Prozent aus Wasser besteht, so gut wie kein Fett und kein Cholesterin, dafür aber viel Calcium, Eisen und Phosphor enthält und reich an Carotin bzw. Provitamin A (besonders die gelbfleischigen Sorten) und Vitamin E ist. Der Kürbis ist nitrat- und energiearm, hat also wenig Kalorien: pro 100 g nur rund 25 kcal.

Kürbissamen in der Pflanzenmedizin

Nicht nur im Kürbisfleisch, auch in den Kürbiskernen oder Samen stecken heilsame Kräfte, die die Naturheilkunde schon seit Jahrhunderten nutzt, so zum Beispiel bei Blasenfunktionsstörungen und gegen Prostatakrebs. Wer nicht so gerne Kürbiskerne kaut und lieber trinkt, kann die Samen auch mahlen und morgens und abends ein bis zwei Eßlöffel davon mit Flüssigkeit einnehmen oder Kürbissaft aus der Apotheke besorgen. Ernährungsphysiologisch besonders wertvoll sind gekeimte Kürbissamen, da sie 30 Prozent Protein und mehrfach ungesättigte Fettsäuren enthalten. Zum Keimen nimmt man enthülste Kerne, die aber nicht zu weit auskeimen dürfen, da sie sonst bitter werden. Roh oder leicht geröstet, schmecken Kürbiskeime in Salaten und Suppen, zu Brot oder Desserts.

25 Kürbisse für 1 Liter Kürbiskernöl

Das schon erwähnte bräunlich-grüne Kürbiskernöl ist ebenfalls ein wahres Heilmittel. Es enthält mehrfach ungesättigte Fettsäuren und viele wertvolle Vitamine (A, B1, B2, B6 und E) sowie das krebshemmende Spurenelement Selen. Es wird aus den schalenlosen Samen des Ölkürbisses gewonnen, die bis zu 55 Prozent Öl enthalten können. Angebaut wird diese spezielle Kürbisart in Österreich (Kärnten und Steiermark) und in Slowenien. Die Herstellung ist relativ aufwendig: Für einen Liter reines Kürbiskernöl braucht man rund 2,5 Kilogramm getrocknete Kerne von etwa 25 reifen Kürbissen. Wegen seiner dickflüssigen Konsistenz und seines intensiven nussigen Geschmacks sollte das Öl vorsichtig dosiert und nur in Maßen, zum Beispiel in Salaten, verwendet werden.

Der Kürbis – ein nützlicher Tausendsassa

Kürbisse sind nicht allein für den leiblichen Genuß da. Seit der Frühgeschichte werden die Früchte, insbesondere ihre Schalen, für vielfältige Zwecke verwendet. Ihre Vielseitigkeit beweisen historische Funde. So fanden Archäologen als Grabbeigaben Behälter aus Flaschenkürbissen, die zur Aufbewahrung von Wasser und Wein dienten. Sogar Diogenes von Sinope, der zur Zeit Alexanders des Großen bedürfnislos in einer Tonne lebte, soll nichts anderes besessen haben als eine Kürbisschale, um Wasser zu schöpfen. Insbesondere die reifen, trockenen, hartschaligen Wände des ovalen, birnenartigen oder zylindrischen Flaschenkürbisses waren im Anbaugebiet Afrika das Allround-Material für Töpfe, Kannen, Körbe, Löffel und andere Haushaltsgegenstände. Sie wurden als Schwimmbojen zum Fischfang und zur Herstellung von Musikinstrumenten verwendet. In Indien werden noch heute aus großen Kalebassen sogenannte Sitars, eine Art Zupfinstrument, gefertigt und kunstvoll verziert.
Bekanntlich ißt ja das Auge mit. Sehr dekorativ sind Kürbisschalen zum Servieren verschiedenster Gerichte, die aus ihrem Fruchtfleisch hergestellt wurden. Suppe, Gemüse oder Salat sehen in einem großen ausgehöhlten Kürbis oder in mehreren kleineren Exemplaren richtig schön aus. Kleine bunte und verschieden geformte Zierkürbisse machen sich als Tischdekoration – vor allem im Herbst – besonders gut.
Eher gespenstisch wirken dagegen leere, mit grimassenartigen Gesichtern versehene Kürbisköpfe, die von innen mit Kerzen

beleuchtet werden. Auf diese Art verwendet man die »Pumpkins« in den USA zum Halloween-Fest, nach einem alten Brauch keltischen Ursprungs. Halloween, dieses Kürbisfest, wird vielerorts wie Fasching gefeiert. Überall finden große Parties mit Kürbisgirlanden, Kerzen und anderen witzigen Dekorationen statt. Vor dem Rockefeller Center in New York sind riesige leuchtende Kürbisberge dekoriert.
In der Nacht vor Allerheiligen leuchten dort überall in den Vorgärten, auf den Veranden oder Fenstersimsen solche dämonischen Kürbisgesichter, die böse Geister abschrecken sollen.
Suchen Sie nach einer sinnvollen Freizeitbeschäftigung für Kinder, bei der diese ihr handwerkliches Geschick schulen können und gleichzeitig viel Spaß haben? Dann werfen Sie einen ausgehöhlten Kürbis nicht gleich auf den Biomüll, sondern lassen Sie ihre Kinder einen »Kürbisgeist« basteln oder andere Motive wie Sonne, Mond und Sterne hineinschnitzen.

Gelber Zentner, Türkenturban und Hokkaido

Hinter diesen schillernden Namen verbergen sich nur drei von rund 800 Kürbissorten. Zu den wichtigsten Gattungen zählen die Botaniker

• ***Cucurbita pepo* (Gartenkürbis):** Diese Kürbisart wird fast ausschließlich in Mitteleuropa kultiviert, weil sie relativ geringe Wärmeansprüche stellt. Vertreter sind der *Acorn Squash* – »Squash« ist die amerikanisch-indianische Bezeichnung für Kürbis – *Baby Boo, Baby Bär, Rondini (Little Gem und Rolet)* und viele andere. Zur Gattung *Cucurbita pepo* gehören auch die kleinen, auffallend gefärbten und gestalteten Zierkürbisse.

• ***Cucurbita maxima* (Riesenkürbis):** Diese Art ist heute weltweit verbreitet und gilt als eine der mannigfaltigsten Kulturpflanzen. Der Name verrät nur die halbe Wahrheit, denn es gibt nicht nur Riesenfrüchte von 150 Zentimeter Durchmesser und bis zu 120 Kilogramm Gewicht, sondern auch kleinwüchsige Zwergformen, die nur so groß wie Gänseeier werden. Vertreter sind *Bleu de Hongrie, Gelber und Roter Zentner, Hokkaido, Atlantic Giant, Big Max, Buttercup* und *Jack be Little* – auch wenn er relativ klein ist – und viele andere.

• ***Cucurbita moschata* (Moschuskürbis):** Diese Art ist besonders an die Anbaubedingungen in feuchteren Tropenländern angepaßt und braucht deshalb viel Wasser. Das orangefarbene Fruchtfleisch ist sehr schmackhaft. Die Früchte halten sich gut. Ein Vertreter dieser Gattung ist beispielsweise *Butternut* mit all seinen Sorten, der japanische *Hayato* und natürlich *Muscade de Provence,* schon an seinem Namen erkennbar.

• ***Cucurbita ficifolia* (Feigenblattkürbis):** Diese Art ist relativ kälteresistent und wird in den Hochlagen der Tropen bis in 2500 Meter Höhe angebaut. Qualität und Geschmack sind schwächer ausgeprägt als bei anderen Kürbisarten. Auch haben die Früchte weniger Nährstoffe als andere Kürbisgewächse.

Sommer- und Winterkürbisse

Für die Küche hat sich jedoch weniger diese botanische Einteilung als jene in Sommer- und Winterkürbisse bewährt.

Sommerkürbisse zeichnen sich durch folgende Merkmale aus: Sie wachsen schnell heran, sind klein bis mittelgroß, werden in der Regel nicht so mächtig wie die Winterkürbisse, haben eine weiche Schale, weiche Kerne und helles, festes Fruchtfleisch. Sie werden in unreifem Stadium vom Spätfrühling bis Anfang Herbst geerntet. Im Gemüsefach des Kühlschranks kann man sie zwei bis drei Tage aufbewahren, zum Einfrieren sind sie weniger geeignet.

Einige hiesige Sorten sind beispielsweise *Zucchini, Chayote, Ufo, Krummhalsiger* und *Geradhalsiger Flaschenkürbis, Patisson* oder *Squash, Gemüse-* oder *Markkürbis.* Sommerkürbisse schmecken angenehm mild. Das Fruchtfleisch von *Zucchini, Geradhalsigem Flaschenkürbis* oder *Chayote* kann man auch roh – in Streifen oder Stifte geschnitten – gut essen.

Zu den **Winterkürbissen** gehören die Sorten mit harter Schale, zum Beispiel *Gelber Zentner*, auch *Gartenkürbis* oder *Riesenkürbis* genannt, *Hokkaido, Golden Nugget, Oranger Knirps, Türkenturban, Acorn, Butternut* und *Spaghettikürbis.* Winterkürbisse brauchen zum Reifen mehr Zeit und Wärme und werden erst im Spätherbst geerntet, wenn sie sich schwer anfühlen, die Schale dick und hart ist und die Früchte ausgereift sind. Dies erkennt man an einem hohlen Ton, wenn man gegen die Schale klopft, und auch am verholzten Stiel. Das Fruchtfleisch ist weicher als das der Sommerkürbisse, zum Teil auch faseriger, eignet sich aber nicht zum Rohverzehr. Winterkürbisse können an einem kühlen, trockenen Ort (nicht in einem feuchten Kartoffelkeller!) gelagert werden und so oft bis in den Frühling hinein halten.
Bewährt hat es sich, die Kürbisse in einem Netz an der Kellerdecke aufzuhängen, so daß die Frucht von allen Seiten gut belüftet ist.

Worauf Sie beim Einkauf achten sollten

Saisonale Kürbissorten aus einheimischer Ernte erhalten Sie im Frühherbst auf Gemüsemärkten oder im Handel. Wollen Sie auch im Winter hin und wieder ein Kürbisgericht frisch zubereiten, so finden Sie in asiatischen Geschäften oder in Dritte-Welt-Läden aus südlichen Ländern importierte Ware, zum Beispiel den *Asiatischen Kürbis* (Wintermelone) oder die *Kalebasse.*

Wichtig: Kleine Kürbisse schmecken in der Regel aromatischer, da sie weniger mehlig sind als große. Weichschalige Kürbissorten schmecken am besten, wenn sie jung und unreif geerntet wurden, später entwickeln sie ein zunehmend bitteres Aroma.

Prüfen Sie beim Kauf kritisch mit Augen und vorsichtig mit Händen und Nase:
Sommerkürbisse sollten eine feste, dünne, unversehrte Schale ohne Risse, Druckstellen und Flecken haben. Winterkürbisse sollten fest, schwer, hartschalig und duftend sein. Wenn Sie beim Beklopfen einen hohlen Ton hören, sind die Früchte reif.

Eine kleine Kürbiskunde

1 Acorn (Eichelkürbis)
Dieser Name bezeichnet eine ganze Reihe von kleinen eichelförmigen Winterkürbissen, die unter den verschiedensten Namen angeboten werden, z.B. als Table King, Table Queen, Swan White Acorn, Table Gold, Golden Acorn usw. Die Pflanzen sind buschförmig und produzieren 5 - 8 Früchte, die selten mehr als 700 - 800 g wiegen. Die in Amerika höchst beliebten und weitverbreiteten Acorns sind gut haltbar: 6 - 8 Monate Lagerung sind keine Seltenheit. Ihr nussiger Geschmack entfaltet sich erst, nachdem sie gut ausgereift gepflückt wurden. Acorns eignen sich speziell für Ofengerichte.

2 Big Max
Wie seine Verwandten Show King, Atlantic Giant und Prizewinner wurde der Big Max gezüchtet, um Rekordgrößen zu erzielen. Die Kürbisse wiegen nicht selten 50 - 100 kg und mehr. Ihrer Farbe und ihres Fruchtfleisches wegen zählen sie zu den Pumpkins, obwohl rein botanisch den Riesenkürbissen zugehörig. Die rankenden Pflanzen haben große, dekorative Blätter. Rekordverdächtige Früchte produzieren sie nur, wenn pro Pflanze nur eine einzige Frucht gezogen wird. Die Früchte sind mehrere Monate haltbar und eignen sich für Suppen, Kuchen etc.

3 Bleu de Hongrie
Diese interessante Sorte stammt aus Ungarn und gehört zu den Riesenkürbissen. Ihre Vorteile sind: festes, geschmackvolles Fruchtfleisch, lange Haltbarkeit und eine handliche Größe von selten mehr als 35 cm Umfang bei einem Gewicht von ca. 7 kg. Die rankende Pflanze produziert 3 - 4 rundliche blaugraue Früchte mit kräftig orangefarbenem Fruchtfleisch. Der Bleu de Hongrie ist bis zu 8 Monate haltbar und bei uns noch nicht allzu bekannt.

4 Buttercup
Die Buttercup ist eine altbewährte und beliebte amerikanische Sorte südamerikanischen Ursprungs. Die rankende Pflanze produziert 3 - 5 Früchte mit einem Gewicht von je 1,5 kg. Das feste dunkel–orangefarbene Fruchtfleisch eignet sich für viele Zubereitungsarten, z.B. für Füllungen, Kuchen, als Gemüse etc. Die Haltbarkeit dieser Sorte liegt bei 3 - 5 Monaten.

5 Butternut (Butternuß)
Zu den "Butternüssen" zählen viele Sorten, die sich durch ihre Herkunft, die Struktur ihrer Oberfläche und ihre Größe unterscheiden, z.B. Ultra Butternut, Butternut Ponca, Waltham, Butterboy, Early Butternut oder Italienische Butternuß. Mit Ausnahme der erdnußförmigen Italienischen Butternuß sind alle übrigen birnenförmig und glatt. Wie alle Moschuskürbisse sind die Pflanzen rankend mit gefleckten Blättern. Gut ausgereift wird das Fruchtfleisch dunkelorange und süßlich. Alle diese Sorten halten sich fast unbegrenzt, allerdings sollte ihre Lagerung 2 Jahre nicht übersteigen, da die Früchte Flüssigkeit verlieren und ihr Fruchtfleisch faserig und trocken wird. Ein Winterkürbis par excellence also, der sich ausgezeichnet für Suppen und Kuchen eignet.

6 Delicata
Wunderschön in Form und Farbe - mit feinen grünen Längsstreifen auf cremefarbigem Grund - ist dieser Gartenkürbis sehr gut geeignet für Dekorationszwecke, be-

1

2

3

4

5

6

7

8

9

10

11

12

sitzt aber zudem ein aromatisches weißes Fruchtfleisch, das, besonders im Ofen gebacken, delikat schmeckt. In den USA wird der Delicata auch Sweet Potato genannt und ist dort sehr beliebt.

7 Flat White Boer van Niekerk
Diese erstaunliche südafrikanische Sorte kann mit keiner anderen verwechselt werden: Die rankende Pflanze produziert zwei schneeweiße, große, stark abgeflachte, fast eingedrückte Früchte mit einem Durchmesser von bis zu 50 cm und einem Gewicht von 12 - 20 kg. Das zarte, wohlschmeckende Fruchtfleisch ist fast rot, die Haltbarkeit liegt bei 2 - 3 Monaten.

8 Gelber Zentner
Dieser Riesenkürbis wird bei uns am häufigsten angepflanzt, wobei er nicht übermäßig schmackhaft ist. Die rankenden Pflanzen mit großen dunkelgrünen Blättern produzieren Früchte mit einem Durchmesser von bis zu 50 cm bei einem Gewicht von 25 - 30 kg, in Ausnahmefällen sogar 50 kg. Auch ausgereift ist das Fruchtfleisch eher wässerig und enthält wenig Carotin - deshalb auch die blasse Farbe. Trotzdem ist der Gelbe Zentner für Suppen und Gemüse gut geeignet. Man kann ihn nur einige Monate lagern, da die Früchte oft plötzlich in sich zusammenfallen, so als ob sie ihr gesamtes Wasser auf einmal verlieren würden.

9 Golden Nugget
Diese interessante Sorte ist in Neuseeland und Australien beheimatet. Die buschförmige, wuchernde Pflanze stellt für den Züchter immer wieder ein Ereignis dar, wenn er im Blätterdickicht plötzlich 11 oder gar 12 dicht aneinandergewachsene leuchtend orangefarbene Früchte entdeckt, die 10 - 12 cm Durchmesser haben und 150 - 200 g wiegen. Ihr Fruchtfleisch ist orange gefärbt und von einem zarten, diskreten Aroma. Einziger Nachteil der Golden Nuggets: ihre Haltbarkeit liegt bei maximal 2 - 3 Monaten.

10 Green Delicious
Diese amerikanische Züchtung produziert herzförmige Früchte, die selten mehr als 6 kg erreichen. Ihre Haut ist fein gerippt, ihr Fruchtfleisch dunkelgelb bis orange, reich an Vitamin C und von ausgezeichnetem Geschmack. Ihre Haltbarkeit liegt bei ca. 6 Monaten.

11 Hayato
Der kleine japanische Moschuskürbis wächst als stark rankende Pflanze, die zahlreiche Früchte mit einem Durchmesser von 12 - 15 cm produziert. Ihre Haut ist runzelig, was ein gewisser Nachteil bei der Zubereitung ist. Dafür sehen die Kürbisse wunderschön aus, eignen sich daher gut als Dekoration, sind lange haltbar, und ihr dunkelorangefarbenes Fruchtfleisch schmeckt angenehm süßlich.

12 Hokkaido (Mikoshi)
Diese Sorte gehört zu den Riesenkürbissen und zählt zusammen mit Miyako, Sweet Mama etc. zu den besten Kürbissen überhaupt. Ihre kräftige dunkelgrüne Haut ist marmoriert oder besitzt unregelmäßige feine Streifen. Die stark rankenden Pflanzen produzieren im Lauf einer Saison mehrere runde, abgeflachte Früchte, die etwa 2 bis höchstens 3 kg wiegen. Ihr Fruchtfleisch ähnelt jenem des Orangen Knirps. Die Haltbarkeit ist auf 4 Monate begrenzt.

13 Hubbards
Die verschiedenen Sorten unterscheiden sich vor allem in Farbe und Größe. Der graublau getönte Blue Hubbard ist mit 15

13

14

15

16

17

18

19

20

21

22

23

24

- 20 kg der schwerste; der etwas kleinere Green Hubbard, manchmal glatt grün, teils auch gestreift oder gerunzelt, kann 10 - 12 kg wiegen; der orange glänzende Golden Hubbard ist mit höchstens 4 kg wesentlich kleiner, wie auch der mit tiefen Warzen übersäte Warted Hubbard. Die Pflanze beansprucht viel Platz, ist jedoch sehr ergiebig: ein Ertrag von 40 - 50 kg pro Pflanze ist keine Seltenheit. Die Hubbards stammen aus Amerika, wo sie wegen ihres aromatischen Fruchtfleisches - dunkelgelb bis orange und sehr fest - und ihrer langen Haltbarkeit bis zu 1 Jahr sehr beliebt sind.

14 Jack Be Little
Trotz seines Namens gehört dieser kleinste amerikanische Pumpkin zu den Riesenkürbissen und wird häufig zu Dekorationszwecken angebaut. Die wuchernde Pflanze klettert gerne und produziert bis zu 20 handgroße orangefarbene Früchte. Das Fruchtfleisch ist gelborange, leicht mehlig und süß. Jack Be Little läßt sich unter optimalen Bedingungen länger als ein Jahr lagern.

15 Jack O'Lantern (Laternenkürbis)
Die wohl bekannteste Pumpkin-Sorte gehört zu den Gartenkürbissen und eignet sich bestens zum Aushöhlen für Halloween-Laternen. Die leicht rankende Pflanze produziert 3 - 5 Früchte mit einem Gewicht bis zu 3,5 kg. Diese sind nicht nur äußerst dekorativ, sondern schmecken auch sehr gut. Am liebsten werden sie in Amerika für die Zubereitung der Pumpkin-Pie verwendet.

16 Lumina
Diese relativ neue amerikanische Sorte wird dort als Weißer Pumpkin bezeichnet, und gehört dennoch zu den Riesenkürbissen. Die stark rankende Pflanze bringt 2 - 3 weiße, leicht abgeflachte, gerippte Früchte hervor, die bis zu 7 kg wiegen. Ihr Fruchtfleisch ist fest und dunkelorange, fast braun. Sobald eine Lumina geöffnet wird, enthüllt sie ihr wunderbar nussiges Aroma und ist auch roh gegessen ein wahrer Genuß. Man kann sie 4 - 8 Monate lagern.

17 Muscade de Provence
(Muskatkürbis)
Die aus Südeuropa stammende Sorte gehört zu den Moschuskürbissen und wird oft auf unseren Märkten angeboten. Die Früchte sind abgeflacht und haben tiefe, regelmäßige Rippen. Ihre grüne Schale wird erst nach vollständiger Ausreifung rotbraun, das Fruchtfleisch ist dunkelorange und süßlich. Je nach Größe schwankt ihr Gewicht zwischen 5 und 18 kg; ihre Haltbarkeit liegt bei mindestens 8 - 10 Monaten.

18 Oranger Knirps
Die beliebte Sorte trägt andernorts die Namen Potimarron (Frankreich), Uchikiwase Akaguri (Japan) und Red Kuri (Amerika). Die stark rankende Pflanze produziert zahlreiche Kürbisse von 1,5 - 2,5 kg. Die Früchte sind von einem kräftigen Rotorange, haben eine zarte Haut und ein delikates orangefarbenes Fruchtfleisch, das dank seines Maroni-Geschmacks geradezu prädestiniert ist für Suppen, Kuchen und viele andere Gerichte. Die Haltbarkeit dieser Sorte liegt bei 6 - 8 Monaten.

19 Pink Jumbo Banana
Diese interessante Sorte stammt aus den USA, wo sie vor allem in Kalifornien beliebt ist. Zusammen mit einer ähnlichen Züchtung, der Blue Banana gehört sie zu den Riesenkürbissen und erreicht eine Länge von ca. 60 - 70 cm, mit einem Gewicht von 5 - 7 kg. Die Früchte sind bana-

nenförmig, orangefarben und erinnern von der Form her an Zucchini. Ihr festes oranges Fruchtfleisch eignet sich ideal für Suppen oder als Gemüse. In Europa sieht man sie häufig auf ungarischen Märkten. Lagern kann man die Pink Jumbo Banana 5 - 6 Monate.

20 Rondini

Zu den Gartenkürbissen gehörig, findet man von dieser Art mindestens zwei Sorten: Little Gem und Rolet, die vor allem im südlichen Afrika häufig angepflanzt werden. Es empfiehlt sich, diese dekorative, stark rankende, eher bescheidene Pflanze hochzuziehen. Bei sonniger Lage sind die Erträge erstaunlich groß. Jung, mit grünem Fruchtfleisch und weichen Kernen schmecken Rondini am besten. Später wird das Fruchtfleisch orangefarben und faserig; die Kerne werden hart und sind dann nicht mehr genießbar.

21 Spaghetti-Kürbis

Diese Sorte verdanken wir der Experimentierfreudigkeit der Japaner. Der berühmte Pflanzenzüchter T. Sakata entdeckte ihre Urform vor langer Zeit in China und versuchte bereits 1930, den von ihm gezüchteten Spaghetti-Kürbis in Amerika zu verkaufen. Der Erfolg blieb damals aus. Fast 30 Jahre später bot er ihn unter dem Namen "Vegetable Spaghetti" erneut an, der zu einem Verkaufsschlager wurde. Inzwischen wird die Pflanze überall und gerne angebaut. In 100 Tagen produziert sie 6 - 8 Früchte von je 1,5 - 2,5 kg Gewicht. Zunächst sind die Früchte cremefarbig, reif werden sie blaßgelb. Eine weitere Sorte ist der Buschtyp Tivoli.

22 Steirischer Ölkürbis

Wie der Name schon vermuten läßt, baut man diese Sorte vor allem in der österreichischen Steiermark an. Bezeichnend sind hier die mit einer feinen Haut umschlossenen nackten Samen, welche keine verholzte Samenhülle aufweisen wie die der anderen Kürbisarten. Sie liefern ohne weitere Behandlung Knabberkerne oder werden direkt zur Ölgewinnung verwendet, woraus sich eine ganze Industrie in dieser Region entwickelt hat. Das Fruchtfleisch ist zwar genießbar, jedoch nicht besonders aromatisch, dabei faserig, etwas wässerig und wird meist dem Vieh verfüttert.

23 Sweet Dumpling

Eine wunderschöne kleine Kürbissorte mit feinen Rippen und dekorativ weiß-grünen Streifen, die kaum mehr als 12 cm im Durchmesser erreicht. Da ihr Fruchtfleisch äußerst delikat schmeckt, haben ihr die Engländer den Namen Edible - eßbar - gegeben. Die im Platzanspruch relativ bescheidene Pflanze ist nicht sehr ergiebig: oft können nur 4 - 6 Früchte geerntet werden.

24 Turk's Turban (Türkenturban)

Diese Sorte gehört den Riesenkürbissen an. Es gibt sie in allen Größen und Farben, wobei die Früchte einem türkischen Turban gleichen und oft grellfarbig rot oder grün sind. Die Pflanze ist meist von kräftigem Wuchs und produziert 6 - 8 Früchte, die in 100 Tagen jeweils bis zu 5 kg wiegen können. Ihr Fruchtfleisch ist fest und dunkel gelborange gefärbt. Der Türkenturban kann 6 - 8 Monate gelagert werden.

---

* Unter den angebenen Bezeichnungen finden Sie die Kürbisse und deren Samen auch im Handel

Kürbisse reinigen und vorbereiten

Kürbisse, die Sie auf dem Gemüsemarkt einkaufen, haben gewöhnlich schon eine saubere Schale. An frischen Kürbissen direkt vom Feld kann dagegen noch Erde kleben, die Sie unter fließendem Wasser vorsichtig wegbürsten. Weichschalige kleine Sommerkürbisse, wie *Patisson oder Squash*, können, ähnlich wie Zucchini, mit Schale und Kernen verwendet werden. Bei Sorten wie dem *Buttercup* muß zuerst der Stielansatz entfernt und der Kürbis – je nach Bedarf – in dicke oder dünne Scheiben geschnitten werden. Vor dem Garen werden die Kerne und strohigen Fasern im Innern mit einem Löffel herausgeholt. **Sommerkürbisse** sind nur dann zu schälen, wenn dies im Rezept ausdrücklich empfohlen wird. **Winterkürbisse** mit ihren großen, festen Schalen, zum Beispiel Gartenkürbis oder Gelber Zentner, werden zuerst halbiert oder in handliche Stücke geschnitten, dann mit einem großen Löffel entkernt, die bitteren Fasern herausgeschabt und – vor oder nach dem Garen – geschält. Man kann das Fruchtfleisch auch mit einem scharfen Messer aus der Schale schneiden.

Vielfältige Zubereitungsmethoden

Kürbisse lassen sich – wie jedes andere Gemüse auch – unterschiedlich zubereiten. Man kann sie kochen, grillen, schmoren, dämpfen, dünsten, fritieren, backen, sauer einlegen oder kandieren und je nach Geschmack beliebig würzen: süß, sauer, süß-sauer, pikant oder scharf. Bestimmte Sorten eignen sich eher zum Füllen, zum Beispiel *Acorn Squash (Eichelkürbis), Golden Nugget, Türkenturban* oder *Buttercup.*
Kleine Kürbisse werden entweder gekocht oder gedämpft und anschließend mit Butter oder anderen weichen Gemüsen sautiert, das heißt kurz in frischem, heißem Fett geschwenkt.

Der japanische *Spaghettikürbis* hat seinen Namen zu Recht erhalten. Sein faseriges Fruchtfleisch zerfällt nach dem Garen, Kochen oder Backen und sieht dann wie Spaghetti aus, weshalb man ihn auch mit den typischen Beilagen Tomatensauce, Butter und Parmesan-Käse ißt. Unter dem Namen »Vegetable Spaghetti« hat er in Amerika erst 30 Jahre nach seiner Züchtung im Jahre 1930 Furore gemacht.
Das Fruchtfleisch von *Winterkürbissen, Gartenkürbis* oder *Bleu de Hongrie,* läßt sich gut pürieren und bietet sich in idealer Weise als Grundlage für gehaltvolle Suppen und süße Kuchenfüllungen an.
Weichschalige, kleine Sommerkürbisse, wie *Patisson* oder *Squash*, können, ähnlich wie Zucchini, mit Schale für Rohkost-Salate verwendet werden.
Ihrer Experimentierfreude bei der Auswahl und Zubereitung von Kürbissen sind keine Grenzen gesetzt. Je nach Sorte ist die Garzeit unterschiedlich lang. Als Faustregel gilt auch hier: Mit einem Messer vorsichtig ins Fleisch stechen und prüfen, ob es weich ist. Kaufen Sie auch einmal eine Art, die Sie noch nicht kennen und probiert haben, denn gesund sind Kürbisse allemal.

Nährstoffgehalt

Im Nährwert steht der Kürbis zwischen Gurke und Melone. Der Nährstoffgehalt schwankt bei den verschiedenen Sorten stark, auch zwischen Sommer- und Winterkürbis gibt es Unterschiede.

100 Gramm rohes Fruchtfleisch eines **Sommerkürbisses** enthalten

- 84 kJ bzw. 20 kcal
- 1 g Protein/Eiweiß
- 4 g Kohlenhydrate
- 2 mg Natrium

100 Gramm rohes Fruchtfleisch eines **Winterkürbisses** enthalten

- 155 kJ bzw. 37 kcal
- 1 g Protein/Eiweiß
- 9 g Kohlenhydrate
- 4 mg Natrium

Beide Kürbisarten bestehen zu über 90 Prozent aus Wasser und sind cholesterinfrei. Die Samen enthalten 34–38 Prozent Öl und viel Eiweiß.

Wie Sie Kürbisse selbst anbauen

Kürbisse kann man in jedem Garten oder Hinterhof selbst ziehen. Am liebsten mögen sie einen frostgeschützten, offenen sonnigen Platz nahe oder auf einem Komposthaufen, da sie hier auf natürliche Weise hohe Stickstoffdüngung erhalten. Während der Verrottung des Kompostes werden viele Nährstoffe und zusätzliche Wärme freigesetzt, was dem Wachstum der Früchte sehr zugute kommt.

Kürbisse sind frostempfindlich und wärmebedürftig und sollen deshalb in unseren Breitengraden erst ab Mitte Mai ins Freiland ausgesetzt werden. An den Boden stellen sie keine übermäßigen Ansprüche. Er sollte locker, gut erwärmbar und humushaltig sein.

Etwa einen Monat vor der Aussaat gibt man die Kürbissamen in kleine, mit Erde gefüllte Töpfchen und läßt sie bei Temperaturen zwischen 22 und 25 °C keimen. Je nach zu erwartender Größe der Beerenfrüchte werden die Pflänzchen dann gegen Mitte Mai mit einem Abstand von 0,5 bis 1,5 Meter ausgepflanzt. Kürbisse brauchen viel Platz, damit sie sich ungehindert ausbreiten können. Am Boden entlang können sie bis zu zehn Meter lange Triebe bilden, die sich gerne zu schatten-

spendenden Pflanzen, zum Beispiel Tomaten, Bohnen oder Sträuchern und ihre Nähe hinranken. Die Stiele sind rauh behaart und tragen fünflappige große Blätter.
Die Blüten des Kürbisses leuchten goldgelb, männliche und weibliche Blüten befinden sich auf derselben Pflanze; sie »wohnen in einem Haus«, weshalb man auch von »einhäusig« spricht. Honigbienen, die den Nektar vom Blütengrund saugen, bestäuben die Blüten. Aus dem Fruchtknoten entwickelt sich eine fleischige, vielsamige, derbschalige runde Beerenfrucht, die zentnerschwer werden kann. Nach der Fruchtbildung stirbt die Kürbispflanze ab – sie ist einjährig. Bei länger anhaltender Trockenheit muß sie reichlich gewässert werden. Bei Dauerregen sollte man unter die reifenden Früchte ein Holzbrettchen legen, damit sie durch den feuchten Boden nicht zu faulen beginnen.
Die unreifen Früchte können zur Gemüsenutzung bereits nach 7–8 Wochen geschnitten werden, während bis zur Reifezeit im allgemeinen 3–4 Monate notwendig sind. Die Lagersorten (Winterkürbisse) sollen erst geerntet werden, wenn sie richtig ausgereift sind, was man am verholzenden Stiel und am hohlen Klang beim Klopfen gegen die Schale erkennen kann.

Rezeptteil

Vorspeisen und Salate

Gefüllte Kürbisblüten auf Paprikacreme

3 rote Paprikaschoten, ca. 750 g · 1 mittelgroße Zwiebel
2 EL Olivenöl · Salz · schwarzer Pfeffer aus der Mühle
1 TL Paprikapulver, edelsüß · 1 Msp Cayennepfeffer
100 g Champignons · 1 Knoblauchzehe
150 g Kalbsbrät · 8 Kürbisblüten · Fett für die Form

Den Backofen auf 250 ° vorheizen. Die Paprikaschoten halbieren und vom Kernhaus befreien. Dann mit der Hautseite nach oben auf den Rost legen und ca. 20 Minuten garen, bis die Haut braun wird und Blasen wirft. Die Hitze des Backofens auf 180 ° reduzieren.

Die Zwiebel schälen und fein hacken. Die Hälfte davon in einer Kasserolle in 1 EL Olivenöl andünsten. Die Paprikaschoten häuten, kleinschneiden und 10 Minuten mitdünsten. Mit dem Mixstab pürieren, mit Salz, Pfeffer, Paprikapulver und Cayennepfeffer würzen und kalt stellen. Die Champignons abbrausen, fein hacken mit der restlichen Zwiebel im übrigen Olivenöl 10 Minuten dünsten. Den Knoblauch schälen und dazupressen. Mit Salz und Pfeffer würzen und das Kalbsbrät untermischen.

Die Kürbisblüten vom Blütenstempel befreien und mit einem Löffel mit der Masse füllen. Die Blütenspitzen leicht zusam-

mendrehen. Eine Gratinform einfetten und die Kürbisblüten hineinlegen. Die Form in die zur Hälfte mit heißem Wasser gefüllte Fettpfanne stellen und die Kürbisblüten ca. 15 Minuten garen.
Die Paprikasauce auf vier Teller gießen und die gefüllten Kürbisblüten darauf anrichten.

Kürbis-Avocado-Aufstrich

250 g Kürbis · 1 Stück Zimtstange · 1 reife Avocado

Saft von 1/2 Zitrone · Salz · weißer Pfeffer aus der Mühle

1 Msp Cayennepfeffer

Den Kürbis schälen, entkernen und in 1 cm große Würfel schneiden. Knapp mit Wasser bedecken, die Zimtstange zufügen und 10 Minuten kochen.
In ein Sieb schütten, die Zimtstange entfernen, den Kürbis gut abtropfen und abkühlen lassen.
Die Avocado längs halbieren, vom Kern befreien und das Fruchtfleisch herauslösen. Sofort mit Zitronensaft beträufeln.
Den Knoblauch schälen. Mit dem Kürbis und der Avocado im Mixer pürieren.
Das Püree mit Salz, Pfeffer und Cayennepfeffer kräftig abschmecken und 20 Minuten kalt stellen.

Beilage: Frisches Baguette oder Cracker

Garnelen mit scharfer Kürbissauce

600 g rohe Garnelen, frisch oder aufgetaut

Saft von $^1/_2$ Zitrone · 2 Fleischtomaten · 1 mittelgroße Zwiebel

4 EL Olivenöl · 4 Knoblauchzehen

300 g Kürbis · 1 Prise Cayennepfeffer

Salz · Pfeffer aus der Mühle · 1 TL Oregano

2 TL Petersilie, fein gehackt

Die Garnelen aus der Schale lösen, so daß der Schwanz noch dranbleibt. Dann kalt abspülen, trockentupfen, mit Zitronensaft beträufeln, salzen und pfeffern. Zugedeckt bis zur Weiterverwendung kalt stellen.
Die Tomate überbrühen, häuten, entkernen und grob hacken. Den Kürbis in kleine Würfel schneiden.
Die Zwiebel schälen und fein hacken. Die Hälfte des Olivenöls in einer Kasserolle erhitzen, die Zwiebel darin andünsten. Den Knoblauch schälen und dazupressen. Die Tomaten mit den Kürbiswürfeln zufügen und bei milder Hitze 20 Minuten zugedeckt schmoren. Mit dem Cayennepfeffer, Salz, Pfeffer und Oregano würzen.
Die Garnelen im restlichen Olivenöl 5 Minuten braten, dabei mit Salz und Pfeffer würzen. Die Sauce abschmecken, mit den Garnelen anrichten und mit Petersilie garnieren.

Beilage: Warmes Baguette
Getränk: Trockener, leichter Rosé aus der Provence
Tip: Im Sommer können Sie die Garnelen auch grillen und die Sauce kalt dazu reichen. Sie paßt auch zu gegrilltem Fleisch.

Gegrillter Kürbis mit Schinken und Salami

800 g Kürbis ohne Schale und Kerne

Salz · schwarzer Pfeffer aus der Mühle · Fett für das Backblech

0,2 l Olivenöl · 2 Knoblauchzehen

je 1 TL Oregano, Thymian und Rosmarin

3 EL Balsamico-Essig

150 g Parmaschinken · 150 g Salami, dünn geschnitten

Das Kürbisfleisch in schmale Spalten schneiden und mit Salz und Pfeffer würzen. Den Backofen auf 220 ° vorheizen.
Ein Backblech fetten und die Kürbisspalten darauflegen. Das Olivenöl in eine kleine Schüssel gießen. Den geschälten Knoblauch dazupressen und die Kürbisspalten damit bestreichen. Mit Oregano, Thymian und Rosmarin bestreuen.
Das Backblech für ca. 25 Minuten in die Mitte des vorgeheizten Backofens schieben. Den Kürbis auf einer Platte anrichten und mit Balsamico beträufeln. Mit Schinken und Salami servieren.

Tip: Der Kürbis paßt auch als Beilage zu kurzgebratenem Fleisch.

Hühnerbrustfilet auf Friséesalat mit Kürbis und Mangodressing

4 kleine Hühnerbrustfilets · 1 EL Öl

Salz · schwarzer Pfeffer aus der Mühle

1 kleiner Friséesalat · 150 g Kürbis, geschält und entkernt

1 Handvoll Kerbel · 1 Mango

2 EL Crème fraîche · Saft von $1\frac{1}{2}$ Zitronen

3 EL Walnußöl

Die Hühnerbrustfilets kalt abspülen, trockentupfen und in heißem Öl bei mittlerer Hitze in etwa 10 Minuten goldbraun braten. Salzen, pfeffern und abkühlen lassen.
Den Friséesalat putzen, zerzupfen, waschen und trockenschleudern oder in einem Sieb gut abtropfen lassen. Den Kürbis in kleine Würfel schneiden und in kochendem Salzwasser 2 Minuten blanchieren, gut abtropfen lassen. Den Kerbel waschen, abzupfen und grob hacken.
Die Mango schälen und das Fruchtfleisch rund um den Kern abschneiden. Mit der Crème fraîche im Mixer pürieren. Das Mangopüree mit Salz, Pfeffer und der Hälfte des Zitronensaftes abschmecken. Den restlichen Zitronensaft mit Walnußöl, Salz und Pfeffer mit dem Schneebesen verrühren.
Den Friséesalat mit den Kürbiswürfeln in der Salatsauce wenden und auf 4 Tellern anrichten. Die Hühnerbrustfilets in schmale Scheiben schneiden und darauf anrichten, das Mangopüree darübergießen.

Beilage: Warmes Baguette

Schweinemedaillons auf Romanasalat mit Kürbissauce

400 Schweinefilet · 6 EL Öl · Salz
Pfeffer aus der Mühle · 1 Knoblauchzehe · 1 Romanasalat
300 g Kürbis · 1 kleine Zwiebel · 4 EL Zitronensaft
3 EL Mango-Chutney (Fertigprodukt)
1 EL Curry · 3 EL Apfelessig · 1 TL Honig

Das Schweinefilet in 8 gleichmäßige Scheiben schneiden. In einer Pfanne in 2 EL Öl beidseitig 6 Minuten anbraten, mit Salz und Pfeffer würzen, den Knoblauch schälen und darüberpressen. Die Schweinemedaillons zugedeckt kalt stellen.
Den Kürbis in Würfel schneiden. Die Zwiebel schälen und fein hacken. Mit dem Kürbis in 1 EL Öl 10 Minuten bei milder Hitze weich dünsten. Den Zitronensaft mit dem Mango-Chutney und dem Curry mischen, mit Salz und Pfeffer abschmecken und beiseite stellen.
Den Romanasalat putzen, in zentimeterbreite Streifen schneiden, waschen und in einem Sieb gut abtropfen lassen. Aus dem restlichen Öl, dem Essig, Salz, Pfeffer und Honig mit dem Schneebesen eine cremige Marinade rühren. Den Salat darin wenden und auf vier Teller verteilen. Die Schweinemedaillons darauf anrichten, je eine Portion Kürbiswürfel daraufgeben.

Tip: Wenn Sie die Sauce mögen, können sie gleich eine größere Menge zubereiten und in einem Schraubglas bis zu 2 Wochen im Kühlschrank aufheben.

Knusprige Speckpflaumen mit Kürbisdip

Für 4–6 Personen:

1 große Zwiebel · 500 g Kürbis ohne Schale und Kerne

3 EL Olivenöl

1 TL Paprikapulver, edelsüß

3 EL Tomatenmark

Salz · schwarzer Pfeffer aus der Mühle

1 Msp Cayennepfeffer

200 g Räucherspeck in dünnen Scheiben

2 Päckchen entsteinte Kurpflaumen von je 200 g

Die Zwiebel schälen und fein hacken. Den Kürbis in kleine Würfel schneiden. In einer breiten Pfanne 2 EL Olivenöl erhitzen, die Zwiebel mit den Kürbiswürfeln andünsten. Alles bei milder Hitze 10 Minuten zugedeckt dünsten. Das Paprikapulver und das Tomatenmark unterrühren und mit Salz, Pfeffer und Cayennepfeffer würzen.

Die Speckscheiben von der Schwarte befreien, je eine Pflaume darin einrollen und mit Zahnstochern zustecken. Das restliche Olivenöl in einer Pfanne erhitzen und die Pflaumen darin bei milder Hitze etwa 10 Minuten knusprig braten. Inzwischen die Kürbissauce pürieren und abschmecken. Warm oder kalt zu den Speckpflaumen reichen.

Beilage: Brot

Rühhrei mit Kürbis und Paprika

1 mittelgroße Zwiebel

200 g Kürbis ohne Schale und Kerne

2 EL Olivenöl

1 Knoblauchzehe · 1 große rote Paprikaschote

1 kleine grüne Chilischote · 6 Eier

Salz · schwarzer Pfeffer aus der Mühle

4 Scheiben Toast · Butter

Die Zwiebel schälen und fein hacken. Den Kürbis in kleine Würfel schneiden. Das Öl in einer großen Pfanne erhitzen und die Kürbiswürfel mit der Zwiebel darin bei milder Hitze 10 Minuten dünsten. Den Knoblauch schälen und dazupressen.

Die Paprikaschote putzen, waschen und klein würfeln. Die Chilischote aufschlitzen, entkernen, waschen, fein hacken und mit den Paprikawürfeln in die Pfanne geben. Mit Salz und Pfeffer würzen.

Die Eier in einer Schüssel verquirlen, salzen, pfeffern und langsam über das Gemüse in der Pfanne gießen. Bei milder Hitze in etwa 6 Minuten stocken lassen, dabei immer wieder umrühren. Den Toast rösten, mit Butter bestreichen und das Rührei darauf anrichten.

Bunter Kürbissalat *(Rezept siehe S. 41)*

Überbackener Kürbis

2 Zwiebeln · 4 Knoblauchzehen · 5 EL Olivenöl

500 g Fleischtomaten

Salz · schwarzer Pfeffer aus der Mühle · Paprikapulver, edelsüß

1 TL Oregano, frisch oder getrocknet

1 TL Thymian, frisch oder getrocknet

800 g Kürbis, ohne Schale und Kern · Mehl zum Wenden

Öl für die Form

100 g Comté-Käse, frisch gerieben

Die Zwiebeln und die Knoblauchzehen schälen, fein hacken und in einer Pfanne in 2 EL Olivenöl bei milder Hitze glasig dünsten. Inzwischen die Fleischtomaten überbrühen, häuten, entkernen, dabei den Stengelansatz entfernen. Das Fruchtfleisch grob hacken und in die Pfanne geben. Mit Salz, Pfeffer, Paprika, Oregano und Thymian würzen und 10 Minuten bei milder Hitze schmoren, dabei immer wieder umrühren. Den Backofen auf 200 ° vorheizen.
Den Kürbis in ca. 1 cm dicke Scheiben schneiden. Mit Salz und Pfeffer würzen und in Mehl wenden. Die Kürbisscheiben in einer Pfanne in 3 EL erhitztem Olivenöl goldbraun braten, dabei einmal wenden.
Eine Gratinform fetten und den Kürbis in der Form verteilen. Mit den Tomaten bedecken und mit dem geriebenen Käse gleichmäßig bestreuen. In der Mitte des vorgeheizten Backofens 20 Minuten goldgelb gratinieren.

Beilage: Baguette
Tip: Schmeckt auch lauwarm oder kalt und ist als Beilage zu Fleisch gut geeignet. Zusammen mit Kartoffeln ergibt sich ein vegetarisches Hauptgericht.

Kürbissalat asiatisch

500 g Kürbis, geschält und entkernt · Salz

1 cm frische Ingwerwurzel · 1 Knoblauchzehe

5 Frühlingszwiebeln · 2 EL Sojasauce

Saft von 1 Zitrone · weißer Pfeffer aus der Mühle

4 EL Sesamöl · 2 EL Sesam

Den Kürbis in kleine Würfel schneiden. In kochendem Salzwasser eine Minute blanchieren, eiskalt abschrecken und gut abtropfen lassen.
Die Ingwerwurzel schälen, fein hacken und zufügen. Den Knoblauch schälen und durch die Presse dazudrücken.
Die Frühlingszwiebeln putzen, waschen, in feine Ringe schneiden und mit dem Kürbis mischen.
Die Sojasauce mit Zitronensaft und Pfeffer verrühren. Das Sesamöl in feinem Strahl mit dem Schneebesen unterrühren. Die Sauce über den Salat gießen und mischen. Den Sesam kurz in einer trockenen beschichteten Pfanne goldbraun rösten und über den Salat streuen.

Beilage: Reiscracker oder Baguette

Kürbis-Avocado-Salat in Orangensauce

1 Stück Ingwerwurzel (1–2 cm)

750 g Kürbis ohne Schale und Kerne · 2 EL Butter

Salz · Pfeffer aus der Mühle

1 Msp Cayennepfeffer · 3 Orangen

1 Limette · 1 Avocado

Den Ingwer schälen und fein hacken. Den Kürbis in kleine Würfel schneiden und mit dem Ingwer in einer breiten Pfanne in der Butter andünsten. Mit Salz, Pfeffer und Cayennepfeffer würzen.
Die Orangen auspressen, den Saft darübergießen und alles weitere 10 Minuten dünsten. Die Limette auspressen, die Hälfte des Saftes untermischen und abkühlen lassen.
Die Avocado halbieren, den Stein entfernen und das Fruchtfleisch mit einem Kugelausstecher herauslösen. Mit dem restlichen Limettensaft beträufeln und unter den Kürbis heben. Nach Belieben in ausgehöhlten kleineren Kürbissen servieren.

Beilage: Frisches Landbrot oder Baguette

Bunter Kürbissalat

(siehe Foto Seite 37)

400 g Kürbis ohne Kerne und Schale

1 Bund Radieschen

2 EL Mungobohnensprossen, 4–5 Tage gekeimt

50 g Feldsalat · 1 kleine rote Zwiebel

3 Frühlingszwiebeln · 50 g Champignons

1/2 grüne Paprikaschote

1/2 Dose Thunfisch im eigenen Saft

1/2 Kästchen Kresse · 4–6 EL Sonnenblumenöl

2–3 EL Rotweinessig · 1 TL Senf · Salz

schwarzer Pfeffer aus der Mühle

Den Kürbis klein würfeln und 10 Minuten in Wasser garen, herausnehmen und gut abtropfen lassen.
Die Radieschen putzen, waschen und in Scheiben schneiden, zu dem Kürbis geben. Die rote Zwiebel in Ringe schneiden, ebenso die Frühlingszwiebeln. Die Sprossen – Sie können auch andere Sorten verwenden – in einem Sieb kurz abbrausen und abtropfen lassen. Den Feldsalat putzen, dabei die Wurzeln abschneiden, gut waschen und trockenschleudern. Die gewaschenen Champignons in Scheiben, die Paprikaschote in Streifen schneiden. Den abgetropften Thunfisch zerpflücken. Die Kresse abbrausen und über der Schüssel die Blättchen abschneiden. Aus Öl, Essig, Senf, Salz und Pfeffer eine Marinade rühren, über die Zutaten gießen und mischen.

Tip: Sie können den Thunfisch auch weglassen oder nach Belieben die ganze Dose verwenden und den Salat im ausgehöhlten Kürbis servieren.

Kopfsalatherzen mit exotischem Kürbisdressing

Saft von 1 kleinen Orange · 2 EL Zitronensaft

2 TL Sojasauce · 1 TL Honig

2 EL Olivenöl · Salz · schwarzer Pfeffer aus der Mühle

1 Prise Koriander, gemahlen

1 Stück frischer Ingwer (ca. 1 cm)

1 Kästchen Kresse · 200 g Kürbis ohne Schale und Kerne

2 Kopfsalate

Den Orangensaft mit dem Zitronensaft, der Sojasauce, dem Honig und dem Olivenöl verrühren. Mit Salz, Pfeffer und Koriander würzen. Den Ingwer schälen, fein hacken und untermischen. Die Kresse abbrausen, abschneiden und untermischen. Den Kürbis in kleine Würfel schneiden, in kochendem Wasser 3 Minuten garen, sehr gut abtropfen lassen und in die Sauce geben. Vom Salat die äußeren Blätter entfernen. Die Salatherzen halbieren oder vierteln, waschen, gut abtropfen lassen und auf vier Tellern anrichten. Mit der Sauce übergießen und 10 Minuten ziehen lassen.

Beilage: Getoastete Baguettescheiben

Pikanter Ananassalat mit Kürbis und Paprika

Für 4–6 Personen:
je 1 rote und grüne Paprikaschote
250 g Kürbis ohne Schale und Kerne · Salz
1 kleine reife Ananas
1 große Orange · 1 rote Chilischote
3 EL Erdnußöl
Salz · schwarzer Pfeffer aus der Mühle
1 kleines Bund frische Minze

Die Paprikaschoten putzen, waschen, in kleine Würfel schneiden und in eine Schüssel füllen. Den Kürbis in kleine Würfel schneiden. In kochendem Salzwasser 1 Minute blanchieren, eiskalt abschrecken, gut abtropfen lassen und dazugeben. Die Ananas schälen, den harten Strunk entfernen. Das Fruchtfleisch in kleine Stücke schneiden und zufügen. Die Orange auspressen.

Die Chilischote aufschlitzen, entkernen, waschen, sehr fein hacken, mit Orangensaft und Öl mischen, mit Salz und Pfeffer kräftig würzen. Die Minze abbrausen, die Blättchen abzupfen, grob hacken und dazugeben.

Die Salatsauce über die Zutaten in der Schüssel gießen, gut durchmischen und bis zum Servieren kalt stellen.

Tip: Dieser Salat schmeckt gut gekühlt im Sommer besonders erfrischend.

Endiviensalat mit Speck und Kürbiskernen

1 mittelgroßer Endiviensalat

150 g durchwachsener Räucherspeck in dickeren Scheiben

1 Zwiebel · 3 EL Kürbiskernöl

3 EL Apfelessig · 1 TL süßer Senf

Salz · Pfeffer aus der Mühle

50 g geschälte Kürbiskerne (aus dem Reformhaus)

Den Endiviensalat putzen, den Salatkopf längs durchtrennen und quer in schmale Streifen schneiden. Dann gründlich waschen und gut abtropfen lassen.
Den Räucherspeck klein würfeln. In einer beschichteten Pfanne die Speckwürfel knusprig ausbraten. Die Zwiebel schälen und in kleine Würfel schneiden.
Das Öl mit dem Apfelessig, Senf und einer Prise Salz in einer Salatschüssel mit dem Schneebesen zu einer cremigen Sauce aufschlagen. Mit Pfeffer abschmecken.
Die Zwiebelwürfel mit den ausgebratenen Speckwürfeln samt Sauce untermischen. Den Endiviensalat mit den Kürbiskernen dazugeben und alles gründlich mischen. Auf vier Tellern anrichten.

Beilage: Getoastetes Bauernbrot
Getränk: Kräftiger Rotwein oder Bier

Reissalat mit Kürbis und Schinken

150 g Langkornreis · Salz · 2 Fleischtomaten

1 grüne Paprikaschote

200 g gekochter Schinken

250 g Kürbis, geschält und entkernt

1 Knoblauchzehe · Saft von 2 Zitronen

1 TL Senf · 5 EL Olivenöl

Pfeffer nach Geschmack

1 Msp Cayennepeffer · 1 kleine Zwiebel

Reis in kochendem Salzwasser in ca. 25 Minuten garen. In ein Sieb schütten, kalt abschrecken, abtropfen und auskühlen lassen, dann in eine große Schüssel füllen.
Die Fleischtomaten überbrühen, häuten, entkernen und in kleine Würfel schneiden. Die Paprika putzen, waschen, klein würfeln und mit den Tomaten dazugeben. Den Schinken in schmale Streifen schneiden. Den Kürbis in kochendem Salzwasser 1 Minute blanchieren, eiskalt abschrecken, gut abtropfen lassen, dann grob in die Schüssel raspeln und alles gut mischen.
Die Knoblauchzehe schälen, in eine kleine Schüssel pressen und mit dem Zitronensaft, dem Senf und dem Olivenöl verrühren. Mit Salz, Pfeffer und Cayennepfeffer würzen. Die Zwiebel schälen, fein hacken und dazugeben. Die Sauce über die Zutaten gießen, gut mischen und 15 Minuten durchziehen lassen.

Beilage: Baguette
Getränk: Bier
Tip: Gut für Feste geeignet, da der Salat auch nach längerem Stehen noch appetitlich aussieht.

Suppen und Eintöpfe

Kürbis-Kerbelcremesuppe mit Croûtons

600 g Kürbis ohne Schale und Kerne

1 mittelgroße Zwiebel · 2 EL Butter · 50 g Kerbel

$^{3}/_{4}$ l Gemüsebrühe · 150 g Sahne

Salz · Pfeffer · Zitronensaft · 2 Scheiben Toastbrot

Den Kürbis klein würfeln. Die Zwiebel schälen, fein hacken und in einem Topf in 1 EL Butter andünsten. Den Kerbel abbrausen, abzupfen und einige Blättchen zum Garnieren beiseite legen. Die restlichen mit dem Kürbis in den Topf geben und andünsten.

Die Gemüsebrühe dazugießen und zugedeckt 20 Minuten köcheln lassen. Anschließend pürieren, die Sahne untermischen, aufkochen und 10 Minuten köcheln. Mit Salz, Pfeffer und Zitronensaft abschmecken.

Den Toast klein würfeln und in der restlichen Butter goldgelb rösten. Die Kürbiscremesuppe in vier Tassen aufteilen, mit den Croûtons bestreuen und mit dem restlichen Kerbel garnieren.

Indische Suppe aus und im Hokkaidokürbis

1 Zwiebel · 2 EL Butterschmalz

1 Stück frischer Ingwer · 1 Knoblauchzehe

4 Hokkaido-Kürbisse von je ca. 800 g

2 mehlige Kartoffeln · Salz · schwarzer Pfeffer aus der Mühle

1 EL Curry · 0,2 l trockener Weißwein

$^3/_4$ l Gemüsebrühe · $^1/_2$ Bund Petersilie

Die Zwiebel schälen, fein hacken und in Butterschmalz glasig dünsten. Ingwerwurzel und Knoblauch schälen, beides fein hacken und zufügen.

Von den Kürbissen einen Deckel abschneiden, das Fruchtfleisch bis auf einen 1 cm dicken Rand herauslösen und die Kerne entfernen. Das Fruchtfleisch grob zerschneiden, in den Topf geben. Die geschälten Kartoffeln zufügen. Mit Salz, Pfeffer und Curry würzen. Mit dem Weißwein ablöschen, die Gemüsebrühe dazugießen und 30 Minuten köcheln.

Inzwischen die Petersilie waschen, abzupfen und fein hacken. Die Suppe mit dem Mixstab pürieren und abschmecken. Die Petersilie untermischen. Die Suppe in die ausgehöhlten Kürbisse füllen, die Deckel daraufsetzen und servieren.

Tip: Übrigens kann man Hokkaidokürbisse samt der Schale garen. Das dauert zwar etwas länger, gibt aber eine besonders schöne Farbe.

Kürbis-Möhrensuppe mit Krabben und Dill

3 Schalotten · 2 EL Butter · 200 g Möhren

400 g Kürbis ohne Schale und Kerne

0,2 l trockener Weißwein · 3/4 l Gemüsebrühe

3 EL Crème double

Salz · weißer Pfeffer aus der Mühle

1 Msp Cayennepfeffer

100 g geschälte Nordseekrabben

1 Bund Dill

Die Schalotten schälen, fein hacken und in einem Topf in heißer Butter andünsten. Die Möhren schälen und mit dem Kürbis in grobe Würfel schneiden. Zufügen, andünsten, mit dem Weißwein ablöschen. Die Gemüsebrühe angießen und 30 Minuten köcheln lassen. Anschließend mit dem Mixstab pürieren und die Crème double unterrühren; 5 Minuten weiterköcheln. Mit Salz, Pfeffer und Cayennepfeffer abschmecken. Die Nordseekrabben untermischen und nur kurz in der Suppe erwärmen. Den Dill abbrausen, abzupfen, fein hacken und bis auf ein Drittel untermischen. Die Suppe in Teller oder Tassen füllen, mit dem restlichen Dill bestreuen und servieren.

Beilage: Toast oder frisches Landbrot

Kürbissuppe, im Kürbis serviert

Für 6–8 Personen:

1 Kürbis von ca. 4 kg · 1 große Zwiebel · 2 EL Butter

2 Knoblauchzehen · 1/4 l trockener Weißwein

3/4 l Gemüsebrühe · 250 g Sahne

Salz · schwarzer Pfeffer aus der Mühle

1 Msp Cayennepfeffer

Worcestersauce · Zitronensaft

3 EL geröstete Kürbiskerne (aus dem Reformhaus)

Von dem Kürbis mit einem scharfen Messer einen Deckel abschneiden. Die Kürbiskerne entfernen, das Fruchtfleisch herauslösen und grob zerschneiden. Die Zwiebel schälen und grob hacken. In einem großen Topf in heißer Butter andünsten. Den Knoblauch schälen und dazupressen. Mit Weißwein ablöschen, mit Gemüsebrühe und Sahne aufgießen und 30 Minuten zugedeckt köcheln lassen. Mit dem Mixstab pürieren und mit Salz, Pfeffer, Cayennepfeffer, Worcestersauce und Zitronensaft würzen.

Die Kürbissuppe in den ausgehöhlten Kürbis füllen und mit den Kürbiskernen bestreuen. Nach Belieben zum Servieren den Deckel daraufsetzen.

Deftige Kürbissuppe mit Speck

100 g durchwachsener Räucherspeck · 1 EL Öl

1 mittelgroße Stange Lauch

500 g Kürbis ohne Schale und Kerne

1 l Fleischbrühe

Salz · schwarzer Pfeffer aus der Mühle

1 Msp Cayennepfeffer · 1 TL Rotweinessig

Den Speck in kleine Würfel schneiden und in einem Topf in Öl bei milder Hitze knusprig ausbraten. Herausnehmen und beiseite stellen. Den Lauch putzen, waschen, in schmale Ringe schneiden, in dem verbliebenen Fett andünsten.
Den Kürbis würfeln, unter den Lauch mischen und kurz mitdünsten. Die Fleischbrühe angießen, aufkochen und 20 Minuten köcheln. Mit dem Mixstab pürieren. Die Suppe mit Salz, Pfeffer, Cayennepfeffer und Rotweinessig abschmecken, in Teller füllen und mit den Speckwürfeln bestreuen.

Tip: Anstelle von Speck können Sie auch Räucherwurst verwenden.

Kürbis-Kartoffelsuppe mit Roquefort

1 große Zwiebel · 2 EL Butter

400 g Kürbis ohne Schale und Kerne

250 g Kartoffeln

Salz · schwarzer Pfeffer aus der Mühle

Muskat, frisch gerieben

1 l Gemüsebrühe

50 g Roquefort oder anderer Blauschimmelkäse

Zitronensaft · 1 Bund Schnittlauch

Die Zwiebel schälen, fein hacken und in einem Topf in Butter andünsten. Den Kürbis in Stücke schneiden. Die Kartoffeln schälen, grob zerschneiden und mit dem Kürbis in den Topf geben. Kurz andünsten, mit Salz, Pfeffer und Muskat würzen, mit der Gemüsebrühe aufgießen, aufkochen und zugedeckt bei milder Hitze 30 Minuten köcheln lassen.
Das Gemüse mit dem Mixstab pürieren, den Roquefort zerbröckeln, untermischen und alles weitere 10 Minuten köcheln. Mit Salz, Pfeffer und Zitronensaft abschmecken.
Den Schnittlauch waschen, in feine Röllchen schneiden und vor dem Servieren in die Suppe streuen.

Tip: Die Suppe schmeckt auch mit Gorgonzola oder anderen Blauschimmel-Käsesorten delikat.

Kürbis-Tomaten-Suppe mit Rucola

1 große Zwiebel · 2 EL Olivenöl
1 Knoblauchzehe
500 g Kürbis ohne Schale und Kerne
1 Fleischtomate
Salz · schwarzer Pfeffer aus der Mühle
1 TL Thymian · 1 l Gemüsebrühe
1 TL Balsamico-Essig
1 Bund Rucola

Die Zwiebel schälen, fein hacken und in Olivenöl andünsten. Den Knoblauch schälen und dazupressen. Den Kürbis klein würfeln, untermischen und alles 10 Minuten bei milder Hitze dünsten.
Die Tomate überbrühen, häuten, kleinschneiden und in den Topf geben. Mit Salz, Pfeffer und Thymian würzen, mit der Gemüsebrühe aufgießen und 15 Minuten zugedeckt bei schwacher Hitze garen.
Das Gemüse mit dem Mixstab pürieren. Mit Balsamico, Salz und Pfeffer abschmecken. Den Rucola putzen, waschen und in schmale Streifen schneiden. Unter die Suppe mischen und servieren.

Tip: Anstelle von Rucola können Sie auch Sauerampfer oder Petersilie verwenden.

Pikante Kürbissuppe mit Chili und Hühnerbrüstchen

1 Zwiebel · 500 g Kürbis ohne Schale und Kerne

4 Hühnerbrustfilets von je etwa 120 g

3 EL Öl · Salz · schwarzer Pfeffer aus der Mühle

1 frische rote Chilischote

1 l Gemüsebrühe · 1 Bund Petersilie

Die Zwiebel schälen, fein hacken. Den Kürbis in kleine Würfel, die Hühnerbrustfilets in schmale Streifen schneiden. Die Fleischstreifen in einem Topf in heißem Öl rundum anbraten. Herausnehmen und beiseite stellen.

Die Zwiebel und die Kürbiswürfel im verbliebenen Fett andünsten. Mit Salz und Pfeffer würzen. Die Chilischote längs aufschlitzen und entkernen. (Vorsicht, nicht in die Augen fassen, sehr scharf!) Waschen, fein hacken, zufügen und kurz mitdünsten. Mit Gemüsebrühe aufgießen, aufkochen und 25 Minuten zugedeckt köcheln lassen.

Die Hühnerbruststreifen in die Suppe geben und 5 Minuten erwärmen. Die Petersilie waschen, abzupfen und nicht zu fein hacken. Die Suppe in vier Suppenteller verteilen und mit der Petersilie bestreuen.

Tip: Anstelle von Hühnerbrüstchen können Sie auch Putenbrust verwenden.

Gekühlte Kürbiscremesuppe mit Orange und Melisse

(siehe Foto Seite 55)

600 g Kürbis ohne Schale und Kerne

2 Schalotten

$^3/_4$ l Gemüsebrühe · 3 EL Crème fraîche

Salz · weißer Pfeffer aus der Mühle

1 Msp Chilipulver · 2 mittelgroße Orangen

1 Zweig frische Zitronenmelisse

Den Kürbis grob zerkleinern, die Schalotten schälen und vierteln. Mit dem Kürbis und der Gemüsebrühe in einem Topf 25 Minuten köcheln. Mit dem Mixstab pürieren, die Crème fraîche unterrühren, mit Salz, Pfeffer und Chili würzen, danach abkühlen lassen.
Die Orangen halbieren und auspressen. Das Kürbispüree durch ein feines Sieb streichen und den Orangensaft unterrühren. Die Melisse waschen, abzupfen, bis auf vier Blättchen in schmale Streifen schneiden und untermischen. Die Suppe für mindestens 1 Stunde kalt stellen. Vor dem Servieren in vier Teller verteilen und mit den übrigen Melisseblättchen garnieren.

Tip: Die Orangen können sie durch rosa Grapefruits ersetzen, was ebenfalls sehr apart schmeckt.

Gekühlte Kürbiscremesuppe mit Orange und Melisse (Rezept siehe S.54)

Mexikanische Kürbissuppe mit Mais und Koriander

1 Zwiebel · 1 EL Olivenöl

2 Knoblauchzehen

600 g Kürbis ohne Schale und Kerne

Salz · schwarzer Pfeffer aus der Mühle

1 Msp Chilipulver

1 l Gemüsebrühe

1 Dose Mais (285 g Abtropfgewicht)

1 Bund frischer Koriander · Saft von 1/2 Limette

Die Zwiebel schälen, fein hacken und in einem Topf in Olivenöl andünsten. Den Knoblauch schälen und dazupressen. Den Kürbis klein würfeln und kurz mitdünsten. Mit Salz, Pfeffer und Chilipulver kräftig würzen. Mit der Gemüsebrühe aufgießen, aufkochen und 25 Minuten köcheln lassen.

Den Mais in einem Sieb gut abtropfen lassen und nach 15 Minuten dazugeben. Den Koriander abbrausen, die Blättchen abzupfen, grob hacken und unter die Suppe mischen. Mit Salz, Pfeffer und Limettensaft abschmecken.

Kürbissuppe mit Käse-Croûtons

1 Zwiebel · 500 g Kürbis ohne Schale und Kerne

1 EL Olivenöl · 1 Prise Zimt

abgeriebene Schale und ausgepreßter Saft von 1/2 unbehandelten Orange

Salz · Pfeffer aus der Mühle

1 l Gemüsebrühe · 100 g Sahne

frisch geriebene Muskatnuß

1 Bund Schnittlauch

FÜR DIE KÄSE-CROUTONS:

2 EL Olivenöl · 100 g altbackenes Weißbrot

75 g geriebener Appenzeller

Die Zwiebel schälen und fein hacken. Den Kürbis klein würfeln. In einem großen Topf das Olivenöl erhitzen und die Zwiebel darin glasig dünsten. Die Kürbiswürfel einrühren und mit einer Prise Zimt, der abgeriebenen Orangenschale und dem Orangensaft sowie mit Salz und Pfeffer würzen. Zugedeckt einige Minuten schmoren. Anschließend die Gemüsebrühe zugießen und in ca. 15 Minuten alles weich kochen. Mit dem Mixstab pürieren. Danach die Sahne einrühren. Nochmals abschmecken und eine Prise Muskatnuß zufügen.

Für die Croûtons das Öl in einer Pfanne erhitzen und darin die Weißbrotwürfel braun rösten. Mit dem geriebenen Käse bestreuen und wenden, so daß sie mit Käse überzogen sind.

Die Suppe in Teller füllen und mit den Croûtons bestreuen.

Linseneintopf mit Kürbis und Balsamico

250 g Linsen · 100 g durchwachsener Speck in Scheiben

1 EL Öl · 1 mittelgroße Zwiebel

$^3/_4$ l Fleischbrühe · 400 g Kürbis ohne Schale und Kerne

Salz · schwarzer Pfeffer aus der Mühle

1 TL Paprika mittelscharf · $^1/_2$ Bund Frühlingszwiebeln

1 EL Balsamico-Essig

Die Linsen mit kaltem Wasser bedeckt über Nacht einweichen. Am nächsten Tag den Speck in kleine Würfel schneiden. Das Öl in einem Topf erhitzen und den Speck darin ausbraten. Inzwischen die Zwiebel schälen, fein hacken, zum Speck geben und kurz andünsten. Die Linsen abgießen, in den Topf schütten und die Brühe zugießen.

Den Kürbis in kleine Würfel schneiden und untermischen. Die Suppe mit Salz, Pfeffer und Paprikapulver kräftig würzen, aufkochen und zugedeckt bei milder Hitze 25–30 Minuten köcheln. Prüfen, ob die Linsen weich sind, ansonsten die Garzeit entsprechend verlängern.

Die Frühlingszwiebeln putzen, waschen, in feine Ringe schneiden und 10 Minuten vor Garzeitende unter den Eintopf mischen. Das Gericht mit Balsamico abschmecken.

Reis-Kürbis-Eintopf mit Hühnerbrust

2 Schalotten · 2 EL Butter

250 g Kürbis ohne Schale und Kerne

100 g Langkornreis · 1 l Hühnerbrühe

2 Hühnerbrustfilets

Salz · Pfeffer aus der Mühle

Muskat, frisch gerieben

1 Handvoll Kerbel

Die Schalotten schälen, fein hacken und in einem Topf in heißer Butter glasig dünsten. Den Kürbis in kleine Würfel schneiden und zufügen.

Den Reis einstreuen und rühren, bis er von einem Fettfilm umgeben ist. Mit der Hühnerbrühe aufgießen, aufkochen und zugedeckt bei milder Hitze 20 Minuten köcheln. Die Hühnerbrustfilets in schmale Streifen schneiden und in die Suppe geben. Weitere 10 Minuten leise ziehen lassen, mit Salz, Pfeffer und Muskat würzen.

Den Kerbel abbrausen, abzupfen und in die Suppe streuen. Die Suppe in Teller verteilen.

Kürbis-Pilz-Eintopf mit Räucherwurst

Für 4–6 Personen:

1 mittelgroße Zwiebel · 2 EL Olivenöl

2 Paar Landjäger oder andere Räucherwurst

500 g Champignons

500 g Kürbis ohne Schale und Kerne · 1 l Fleischbrühe

2 Fleischtomaten

Salz · schwarzer Pfeffer aus der Mühle

1 Bund Schnittlauch

Die Zwiebel schälen und fein hacken. In einem Topf in heißem Öl andünsten. Die Räucherwurst in Scheiben schneiden und dazugeben. Die Pilze putzen, kurz abbrausen, vierteln und mit den Zwiebeln und der Wurst 10 Minuten dünsten.
Den Kürbis in Würfel schneiden und dazugeben. Mit der Fleischbrühe aufgießen und 20 Minuten köcheln. Die Tomaten überbrühen, häuten, entkernen, in Würfel schneiden und in die Suppe geben. Mit Salz und Pfeffer würzen.
Den Schnittlauch waschen, in feine Röllchen schneiden und zum Schluß in die Suppe streuen.

Beilage: Bauernbrot
Getränk: Bier

Gemüseeintopf mit Kürbis und Parmesan

1 große Zwiebel · 3 EL Olivenöl

3 Knoblauchzehen

1/4 l trockener Weißwein · 1 l Gemüsebrühe

500 g Kürbis ohne Schale und Kerne

1 kleiner Blumenkohl · 2 dünne Stangen Lauch

1 Bund Basilikum

Salz · schwarzer Pfeffer aus der Mühle

50 g Parmesan, frisch gerieben

Die Zwiebel schälen, fein hacken und in einem großen Topf in Olivenöl andünsten. Den Knoblauch schälen und dazupressen. Mit dem Weißwein ablöschen und etwas einkochen lassen, dann mit der Gemüsebrühe aufgießen und aufkochen.
Den Kürbis in ca.1 cm große Würfel schneiden. Den Blumenkohl in kleine Röschen teilen, abbrausen und mit dem Kürbis dazugeben. Alles 10 Minuten leicht köcheln lassen. Den Lauch putzen, waschen, in schmale Ringe schneiden, untermischen und weitere 10 Minuten köcheln.
Das Basilikum bis auf vier Blätter kleinschneiden und in die Suppe rühren. Mit Salz und Pfeffer würzen. Die Suppe in Teller verteilen und mit Basilikum garnieren. Nach Belieben mit Parmesan bestreuen.

Beilage: Toskanabrot
Getränk: Derselbe Weißwein, der auch zum Kochen genommen wurde.

Vegetarische Hauptgerichte

GRATINS UND ANDERE GERICHTE AUS DEM BACKOFEN

Kartoffel-Kürbis-Gratin mit Gorgonzola

(siehe Foto Seite 97)

800 g Kartoffeln · 400 g Kürbis ohne Schale und Kerne

1 Zwiebel · 2 EL Butter

Salz · Pfeffer aus der Mühle

je 1 TL Thymian und Oregano · 1 Bund Schnittlauch

250 g Gorgonzola

3 Eier · $^{3}/_{8}$ l Milch · 1 Prise Muskat · Fett für die Form

Die Kartoffeln waschen und in einem Topf knapp mit Wasser bedeckt etwa 30 Minuten garen.
Inzwischen den Kürbis in Scheiben schneiden. Die Zwiebel schälen und fein hacken. Beides 10 Minuten in Butter dünsten. Mit Salz, Pfeffer, Thymian und Oregano würzen. Die Pfanne vom Herd nehmen. Den Schnittlauch waschen, in Röllchen schneiden und untermischen.
Den Gorgonzola in Würfel schneiden. Die Eier mit der Milch

verquirlen und mit Salz, Pfeffer und Muskat würzen. Den Backofen auf 220 ° vorheizen.
Eine Gratinform einfetten. Die Kartoffeln schälen, etwas abkühlen lassen, in Scheiben schneiden, mit dem Gorgonzola und dem Kürbis mischen und in die Form füllen. Die Eiermilch gleichmäßig darübergießen und das Gratin in der Mitte des vorgeheizten Backofens etwa 30 Minuten garen. Falls die Oberfläche zu dunkel wird, mit Alufolie abdecken.

Beilage: Gemischter Blattsalat
Tip: Das Gratin läßt sich gut vorbereiten. Alle Zutaten bis auf den Eierguß in die Form füllen und kalt stellen. Erst vor dem Backen den Eierguß darübergießen.

Reisgratin mit Kürbis, Paprika und Käse

250 g Langkornreis · Salz · 2 rote und 1 gelbe Paprikaschote

1 Zwiebel · 4 EL Butter · 2 Knoblauchzehen

300 g Kürbis ohne Schale und Kerne

Fett für die Form

2 Kugeln Mozzarella von je 125 g

50 g Parmesan, frisch gerieben

Den Backofen auf 250 ° vorheizen. Reichlich Wasser aufkochen, eine Prise Salz und den Reis dazugeben. Den Reis zugedeckt bei milder Hitze in ca. 25 Minuten ausquellen lassen.
Die Paprikaschoten putzen, waschen und in kleine Würfel schneiden. Die Zwiebel schälen, in kleine Würfel schneiden und in einer breiten Pfanne in 2 EL Butter glasig dünsten. Den Knoblauch schälen und dazupressen. Den Kürbis in kleine

Würfel schneiden und mit den Paprikastücken dazugeben. Alles 5 Minuten dünsten.
Eine Auflaufform einfetten. Den Mozzarella in kleine Würfel schneiden und unter den abgegossenen Reis mischen. Mit Salz und Pfeffer würzen und in die Auflaufform füllen. Den Parmesan daraufstreuen, die restliche Butter in Flocken daraufsetzen und in der Mitte des vorgeheizten Backofens 25 Minuten überbacken.

Beilage: Gemischter Salat
Tip: Garen Sie gleich die doppelte Menge Reis, den Sie dann für Reissalat verwenden können. Dieses Gratin eignet sich gut, um Reste zu verwerten. Unter den Reis kann man auch Gemüse, Fleisch, Wurst oder Geflügel mischen.

Grünkernauflauf mit Kürbis und Brokkoli

250 g Grünkern · 1 große Zwiebel · 2 EL Rapsöl
500 g Kürbis ohne Schale und Kerne
250 g Brokkoli · Salz · 150 g Bergkäse, frisch gerieben
Pfeffer · Paprika · 250 g Sahne · 3 Eier ·
Fett für die Form

Den Grünkern waschen und mit $^{1}/_{2}$ l Wasser in einen Topf füllen, aufkochen und 10 Minuten zugedeckt köcheln, dann 20 Minuten bei sehr milder Hitze ausquellen lassen.
Die Zwiebel schälen und fein hacken. Das Rapsöl in einem Topf erhitzen und die Zwiebel darin glasig dünsten. Den Kürbis in kleine Würfel schneiden. Den Brokkoli waschen und in kleine Röschen teilen. Den dicken Stiel schälen und klein wür-

feln. Reichlich Salzwasser aufkochen und das Gemüse nacheinander darin 3 Minuten blanchieren, in ein Sieb geben, eiskalt abschrecken und sehr gut abtropfen lassen.
Den Backofen auf 200 ° vorheizen. Eine Auflaufform einfetten. Das Gemüse mit der Hälfte des Käses unter den Grünkern mischen. Mit Salz, Pfeffer und Paprika kräftig würzen und in die Form füllen. Die Sahne mit den Eiern verquirlen, dem restlichen geriebenen Käse vermischen und darübergießen. Im vorgeheizten Backofen 25 Minuten backen.

Kürbisgratin mit Mozzarella

800 g Kürbis ohne Schale und Kerne

1 große Zwiebel · 3 EL Olivenöl

600 g Fleischtomaten

2 Knoblauchzehen · Salz

schwarzer Pfeffer aus der Mühle

je 1 TL Thymian und Oregano

2 Kugeln Mozzarella von je 125 g

50 g Parmesan, frisch gerieben

Fett für die Form

Den Kürbis in kleine Würfel schneiden. Die Zwiebel schälen und fein hacken. 2 EL Olivenöl in einer Pfanne erhitzen. Die Zwiebel- und Kürbiswürfel darin andünsten.
Die Fleischtomaten mit kochendem Wasser überbrühen und häuten. Dann grob hacken und untermischen. Den Knoblauch schälen und dazupressen. Mit Salz, Pfeffer, Thymian und Oregano kräftig würzen und bei schwacher Hitze etwa 5 Minuten dünsten.

Den Backofen auf 220 ° vorheizen. Den Mozzarella in dünne Scheiben schneiden. Den Parmesan unter das Gemüse mischen. Eine Auflaufform fetten, das Gemüse hineinfüllen.
Mit den Mozzarellascheiben belegen, mit 1 EL Olivenöl beträufeln, leicht salzen und pfeffern. In der Mitte des Backofens etwa 15 Minuten gratinieren, bis der Käse geschmolzen ist.

Beilage: Mit Baguette oder Salzkartoffeln als Hauptgericht oder zu gebratenem Fleisch oder Geflügel servieren.

Kürbis-Lauch-Gratin

800 g Kürbis ohne Schale und Kerne

400 g Lauch · Salz · 1 EL Butter

schwarzer Pfeffer aus der Mühle · Muskat, frisch gerieben

150 g mittelalter Gouda, frisch gerieben

Den Kürbis in Würfel von ca. 1,5 cm Kantenlänge schneiden. Den Lauch putzen, waschen und schräg in $^1/_2$ cm breite Ringe schneiden. Den Kürbis 5 Minuten in kochendem Salzwasser garen und gut abtropfen lassen. Den Lauch 3 Minuten blanchieren, eiskalt abschrecken und gut abtropfen lassen.
Eine Auflaufform mit Butter einfetten. Vorgegarten Kürbis und Lauch mischen. Mit Salz, Pfeffer und Muskat würzen, in die Form füllen. Den Gouda gleichmäßig darüberstreuen. Im vorgeheizten Backofen bei 200 ° auf der mittleren Schiene in ca. 20 Minuten goldbraun überbacken. In der Form servieren.

Tip: Als vegetarisches Hauptgericht oder als Beilage zu Fleisch und Geflügel servieren.

Kürbis aus dem Backofen

800 g Kürbis ohne Schale und Kerne

0,2 l Olivenöl

Salz, schwarzer Pfeffer aus der Mühle

Den Kürbis in ca. 2 cm dicke Scheiben schneiden. Die Schnittflächen mit Olivenöl einpinseln und mit Salz und Pfeffer würzen. Auf ein Backblech legen und im auf 220 ° vorgeheizten Backofen 45 Minuten garen.

Tip: Als Beilage zu Fleisch oder Geflügel oder mit Tomatensauce als vegetarisches Gericht servieren.

Spaghettikürbis

1 Spaghettikürbis von ca. 2 kg · 2 Knoblauchzehen

5 EL Butter

Salz · schwarzer Pfeffer aus der Mühle

1 Bund Basilikum

100 g Parmesan, frisch gerieben

Den Backofen auf 200 ° vorheizen. Den Kürbis an der Schale mehrmals einschneiden, damit er nicht aufplatzt. Den Kürbis auf ein Blech setzen und $1^1/_2$–2 Stunden im Ofen garen. Sie können den Kürbis auch in Wasser garen, dann dauert es 45 Minuten.

Den Kürbis etwas abkühlen lassen, dann das obere Drittel abschneiden und die Kerne entfernen. Das Innere mit einer Gabel herauslösen.

Den Knoblauch schälen und in einer großen Pfanne in heißer Butter andünsten. Das Kürbisinnere dazugeben und darin schwenken. Mit Salz und Pfeffer würzen. Das Basilikum abbrausen, abzupfen, fein hacken und mit dem Parmesan dem Kürbisfleisch untermischen. Nach Belieben in dem ausgehöhlten Kürbis servieren.

Kürbis-Soufflé

500 g Kürbis ohne Schale und Kerne

5 EL Butter · $^1/_4$ l Gemüsebrühe

1 Bund glatte Petersilie

1 gehäufter EL Mehl · $^1/_4$ l Milch

100 g frisch geriebener Appenzeller

Salz · weißer Pfeffer aus der Mühle

Muskatnuß, frisch gerieben

5 Eier, getrennt

Fett für die Form

Den Kürbis schälen, grob würfeln und in 2 EL Butter kurz andünsten. Die Gemüsebrühe dazugießen und den Kürbis im geschlossenen Topf in ca. 15 Minuten weich dünsten. Abgießen und das Gemüse pürieren. Die Petersilie abbrausen, abzupfen, fein hacken und untermischen.
Die restliche Butter erhitzen, das Mehl unterrühren und goldgelb anschwitzen. Die Milch langsam mit dem Schneebesen unterschlagen, damit keine Klümpchen entstehen. Die Sauce 15 Minuten köcheln, bis sie ganz dick ist.
Den Käse und das Kürbispüree untermischen. Mit Salz, Pfeffer und Muskat würzen und abkühlen lassen. Das Eigelb unter die Mischung rühren. Das Eiweiß sehr steif schlagen und gleich-

mäßig unterheben. Eine Souffléform fetten und die Masse einfüllen. Im vorgeheizten Backofen bei 200 ° auf der untersten Schiene 30 Minuten backen, dann sofort servieren.

Beilage: Tomatensalat mit Basilikum und frisches Landbrot

RISOTTI, EIER- UND GEMÜSEGERICHTE

Kürbisrisotto mit Rucola

1 große Zwiebel

400 g Kürbis ohne Schale und Kerne

6 EL Butter · 400 g Reis (Vialone nano oder Arborio)

ca. 1 l heiße Gemüsebrühe

Salz · schwarzer Pfeffer aus der Mühle

50 g frisch geriebener Parmesan

1 Bund Rucola

Die Zwiebel schälen und fein hacken. Den Kürbis klein würfeln und in einem Topf mit der Zwiebel in 2 EL Butter 5 Minuten dünsten. Dann den Reis hineinstreuen und unterrühren. Nach und nach die Gemüsebrühe dazugießen, immer nur soviel, wie der Reis aufnimmt. Mit Salz und Pfeffer kräftig würzen und etwa 20 Minuten garen, dabei immer wieder umrühren.

Die restliche Butter und den Parmesan unter den Risotto mischen und zugedeckt bei sehr milder Hitze 5 Minuten ziehen lassen. Inzwischen die Rucolablätter putzen, waschen, kleinschneiden und vor dem Servieren unter den Risotto heben.

Beilage: Ein bunt gemischter Salat

Safranrisotto mit Kürbis

1 große Zwiebel · 2 EL Olivenöl
2 Knoblauchzehen
250 g Kürbis · 400 g Rundkornreis
1 Döschen Safran · 0,2 l Weißwein
400 ml heiße Fleischbrühe
Salz · schwarzer Pfeffer aus der Mühle
1 Bund Basilikum
100 g frisch geriebener Parmesankäse
3 EL Butter

Die Zwiebel schälen, fein hacken und in heißem Olivenöl glasig dünsten. Den Knoblauch schälen und dazupressen. Den Kürbis schälen, entkernen, grob raspeln, zufügen und alles 5 Minuten dünsten.
Den Reis einschütten und rühren, bis alle Körnchen von Fett umgeben sind. Den Safran einstreuen und mit Weißwein und Fleischbrühe aufgießen. Salzen, pfeffern und zugedeckt in 25 Minuten bei milder Hitze garen. Das Basilikum abbrausen, die Blättchen von den Stengeln zupfen.
Parmesan und Butter vor dem Servieren in den Risotto rühren und das Basilikum daraufstreuen.

Beilage: Gemischter grüner Blattsalat oder Rucola mit Tomaten

Kürbis-Frittata

2 Schalotten · 3 EL Olivenöl

400 g Kürbis ohne Schale und Kerne

1 Bund Basilikum · 5 Eier

3 EL frisch geriebener Parmesan

Salz · schwarzer Pfeffer aus der Mühle

frisch geriebene Muskatnuß

Die Schalotten schälen, fein hacken und in einer Pfanne in heißem Olivenöl weich dünsten. Den Kürbis auf einer Gemüsereibe grob raspeln, in die Pfanne geben und 10 Minuten unter Rühren garen.
Das Basilikum abbrausen, von den Stengeln zupfen, in schmale Streifen schneiden und zufügen. Die Eier in einer Schüssel gut verquirlen und den Parmesan untermischen. Mit Salz, Pfeffer und Muskat würzen.
Die Eiermischung über das Gemüse gießen und bei milder Hitze langsam stocken lassen. Nach ca. 10 Minuten die Frittata umdrehen und zugedeckt in weiteren 10 Minuten fertiggaren. Die Frittata aus der Pfanne auf einen Teller gleiten lassen und wie eine Torte in Stücke schneiden.

Beilage: Gemischter Blattsalat mit Rucola
Tip: Die Frittata schmeckt auch kalt sehr fein.

Rührei mit Kürbis und Schafkäse

500 g Kürbis ohne Schale und Kerne

2 Zwiebeln · 4 EL Olivenöl · 3 Knoblauchzehen

1 Fleischtomate · 1 Bund Schnittlauch

Salz · schwarzer Pfeffer aus der Mühle

1 TL Thymian · 200 g Feta (griechischer Schafkäse)

4 Eier

Den Kürbis in kleine Würfel schneiden. Die Zwiebeln schälen und fein hacken. Die Hälfte des Olivenöls in einer großen Pfanne erhitzen. Zwiebel und Kürbis darin andünsten. Den Knoblauch schälen und darüberpressen.
Die Fleischtomate überbrühen, häuten und entkernen, dann in grobe Stücke schneiden und dabei den Stengelansatz entfernen. Den Schnittlauch waschen und in feine Röllchen schneiden.
Die Tomate zum Kürbis geben und mit Salz, Pfeffer und Thymian würzen. Das Gemüse 10 Minuten schmoren, bis fast alle Flüssigkeit verdunstet ist. Den Schafkäse zerbröckeln und mit dem Schnittlauch unter das Gemüse mischen.
Die Eier aufschlagen, verquirlen, mit Salz und Pfeffer würzen und über die Gemüse-Käse-Mischung gießen. Bei milder Hitze stocken lassen, dabei ab und zu umrühren.

Beilage: Lauwarmer Sesamfladen oder frisches Landbrot

Kürbisragout mit Frühlings-gemüsen

2 Schalotten · 2 EL Butter · 2 Kohlrabi

500 g Kürbis ohne Schalen und Kerne

250 g Zuckerschoten · 1/2 Bund Frühlingszwiebeln

Salz · weißer Pfeffer aus der Mühle

1 Msp Cayennepfeffer · 1/4 l Gemüsebrühe

1 Becher Crème fraîche · 1 Handvoll Kerbel

Die Schalotten schälen und fein hacken. In einer breiten, tiefen Pfanne in Butter glasig dünsten. Die Kohlrabi schälen und mit dem Kürbis in 1 cm große Würfel schneiden. Beides in die Pfanne geben und dünsten. Die Zuckerschoten putzen, waschen und untermischen. Die Frühlingszwiebeln putzen, waschen und schräg in schmale Ringe schneiden, zufügen, umrühren, alles mit Salz, Pfeffer und Cayennepfeffer würzen.

Die Gemüsebrühe und die Crème fraîche untermischen, einmal aufkochen und das Gemüse zugedeckt 15 Minuten köcheln lassen. Ab und zu umrühren, zum Schluß nochmals abschmecken.

Den Kerbel abbrausen, abzupfen und grob hacken. Vor dem Servieren unter das Gemüseragout mischen.

Beilage: Dazu sind neue Kartoffeln ideal.

Tip: Wer's mit Fleisch mag, einfach 300 g gekochten Schinken in feinen Streifen oder 500 g geschnetzeltes Hühnerbrustfilet mitgaren.

Süß-saures Kürbis-Curry

1 große Zwiebel · 2 EL Rapsöl oder Sonnenblumenöl

2 EL Rosinen · 2 EL gehackte Mandeln

800 g Kürbis ohne Schale und Kerne

250 g Stangensellerie · Salz · Pfeffer aus der Mühle

1 Prise Kreuzkümmel · 1 EL Honig

Saft von $^1/_2$ Zitrone · 2 EL Currypulver

1 kleine Dose geschälte Tomaten, ca. 400 g

$^1/_4$ l Gemüsebrühe

Die Zwiebel schälen und fein hacken. In einem Topf in heißem Rapsöl glasig dünsten. Die Rosinen und die Mandeln dazugeben. Den Kürbis grob würfeln und zufügen.
Den Sellerie waschen, in 1 cm breite Stücke schneiden und untermischen. Das Grün fein hacken und beiseite legen. Mit Salz, Pfeffer, Kreuzkümmel, Honig, Zitronensaft und Curry würzen.
Die Tomaten samt Saft untermischen und mit einer Gabel grob zerdrücken. Mit der Gemüsebrühe aufgießen, aufkochen und 30 Minuten sanft köcheln lassen. Abschmecken und nach Belieben nachwürzen. Das Selleriegrün zum Schluß unterheben.

Beilage: Reis oder Kartoffelpüree

Kürbis mit Zucchini und Sesam

1 Zwiebel · 2 EL Butter · 250 g Zucchini

750 g Kürbis ohne Schale und Kerne

Salz · weißer Pfeffer aus der Mühle

1 Msp Cayennepfeffer

1/4 l Gemüsebrühe · 3 EL Crème fraîche

1 Bund Schnittlauch

2 EL heller Sesam, geröstet

Die Zwiebel schälen, fein hacken und in einer breiten Pfanne in Butter glasig dünsten. Die Zucchini waschen, vom Stengelansatz befreien und in ca. 1 cm große Würfel schneiden. Den Kürbis ebenso schneiden, mit den Zucchiniwürfeln in die Pfanne geben und kurz andünsten.
Mit Salz, Pfeffer und Cayennepfeffer würzen. Die Gemüsebrühe mit der Crème fraîche unterrühren, aufkochen und alles zugedeckt gut 10 Minuten köcheln.
Inzwischen den Schnittlauch waschen, kleinschneiden und mit dem Sesam vor dem Servieren untermischen.

Tip: Als Hauptgericht mit Naturreis oder Kartoffeln oder als Beilage für 6–8 Personen servieren.

Süß-saures Kürbis-Pilz-Gemüse

1 große Zwiebel · 2 Knoblauchzehen

3 EL Öl · 500 g Champignons

800 g Kürbisfleisch ohne Schale und Kerne

Salz · schwarzer Pfeffer aus der Mühle

1 Msp Cayennepfeffer

1 TL Zucker · Saft von 1 rosa Grapefruit

200 ml Gemüsebrühe · 1 Bund Petersilie

50 g grob gehackte Erdnüsse

Die Zwiebel schälen und fein hacken. Den Knoblauch pellen. In heißem Öl die Zwiebel andünsten, den Knoblauch dazupressen. Die Pilze abbrausen, putzen und je nach Größe vierteln oder halbieren. 10 Minuten mit den Zwiebeln schmoren. Den Kürbis in Würfel schneiden und dazugeben, mit Salz, Pfeffer, Cayennepfeffer und Zucker würzen.
Mit Grapefruitsaft und Gemüsebrühe aufgießen und alles zusammen weitere 15 Minuten schmoren. Die Petersilie waschen, abzupfen, fein schneiden und mit den gehackten Erdnüssen vor dem Servieren untermischen.

Tip: Paßt als Beilage zu Fleisch oder ergibt mit Salzkartoffeln ein köstliches vegetarisches Hauptgericht.

Gefüllter Kürbis mit roten Linsen

Für 6 Personen:

1 kleiner Kürbis (ca. 2 kg) · 2 Chilischoten

1 Stück frische Ingwerwurzel

4 Knoblauchzehen · 250 g Zwiebeln · 6 EL Öl

250 g rote Linsen

Salz · schwarzer Pfeffer aus der Mühle

1 EL Currypulver · 3/8 l Gemüsebrühe

200 g Sahne · 1 Bund frischer Koriander

Vom Kürbis einen flachen Deckel abschneiden. Die Kürbiskerne entfernen, dann mit Küchenmesser und Löffel das Fruchtfleisch bis auf einen Rand von 2 cm auslösen und kleinschneiden. Die Chilischoten entkernen, waschen und fein würfeln. Den Ingwer und den Knoblauch schälen und fein hacken.

Die Zwiebeln schälen und klein würfeln. In heißem Öl bei milder Hitze unter Rühren 5 Minuten glasig dünsten. Knoblauch, Chili und Ingwer unterrühren und kurz mitdünsten.

Die auf einem Sieb abgebrausten Linsen untermischen, mit Salz, Pfeffer und Curry würzen. Die Gemüsebrühe angießen und aufkochen, die Sahne dazugießen und 15–20 Minuten köcheln lassen. Den Koriander waschen, abzupfen und fein hacken. Das Ragout abschmecken und zum Schluß den Koriander einstreuen. Das Ragout in den ausgehöhlten Kürbis füllen und servieren.

Beilage: Reis oder Kartoffeln

Kürbis-Kartoffelgemüse

600 g kleine Kartoffeln · 150 g Schalotten

800 g Kürbis ohne Schale und Kerne

3 EL Butter · 5 EL Tomatenmark

150 g Crème fraîche

Salz · schwarzer Pfeffer aus der Mühle

1 Prise Cayennepfeffer

$^1/_4$ l Gemüsebrühe

1 Bund Schnittlauch

Die Kartoffeln waschen und knapp mit Wasser bedeckt in ca. 25 Minuten gar kochen. Die Schalotten schälen und längs in schmale Streifen schneiden. Den Kürbis in Würfel von ca. 2 cm Kantenlänge schneiden. Die Butter in einem breiten Topf erhitzen. Die Schalotten darin kurz anbraten, den Kürbis dazugeben und ca. 5 Minuten mitdünsten.

Das Tomatenmark und die Crème fraîche unterrühren. Mit Salz, Pfeffer und Cayennepfeffer würzen, die Gemüsebrühe dazugießen und zugedeckt unter gelegentlichem Umrühren bei milder Hitze 10 Minuten köcheln.

Die Kartoffeln pellen, etwas auskühlen lassen, ebenfalls grob würfeln, unter den Kürbis mischen und alles zusammen weitere 5 Minuten schmoren. Den Schnittlauch waschen, kleinschneiden und zum Schluß untermischen. Das Kürbisragout abschmecken und nach Belieben nachwürzen. Auf vorgewärmten Tellern anrichten.

Beilage: Ein bunt gemischter Salat der Saison

Cannelloni gefüllt mit Kürbis und Ricotta

250 g Kürbis ohne Schale und Kerne · Salz

500 g Ricotta, ersatzweise gut abgetropfter Magerquark oder Schichtkäse

4 Eigelb · 100 g frisch geriebener Parmesan

1 Bund frische gemischte Kräuter

12 ungekochte Cannelloni (1/2 Packung)

600 g Fleischtomaten

weißer Pfeffer aus der Mühle

1/8 l trockener Weißwein

1 EL Olivenöl · Fett für die Form

Den Kürbis grob raspeln und für eine Minute in kochendes Salzwasser geben. Eiskalt abschrecken, gut abtropfen lassen und ausdrücken. Den Ricotta in einer Schüssel mit Eigelb und der Hälfte des Parmesans gut verrühren, salzen und pfeffern. Die Kräuter waschen, von den Stengeln zupfen und fein hacken. Bis auf einen Eßlöffel unter den Ricotta mischen. Die Cannelloni damit füllen und nebeneinander in eine gefettete feuerfeste Auflaufform legen. Den Backofen auf 200 ° vorheizen.
Die Tomaten überbrühen, häuten und entkernen. Klein würfeln und um die Cannelloni streuen, salzen, pfeffern und mit dem Weißwein übergießen. Mit Olivenöl beträufeln und den restlichen Parmesan auf die Cannelloni streuen. Die Form auf die mittlere Schiene des Backofens stellen und die Nudeln 45 Minuten überbacken, bis die Kruste goldbraun geworden

ist. Die Cannelloni aus dem Ofen nehmen und mit den restlichen frischen Kräutern bestreuen.

Beilage: Ein gemischter grüner Blattsalat

Teigtäschchen mit Kürbisfüllung

(siehe Foto Seite 115)

300 g Mehl · 3 Eier, davon 1 Eigelb für die Füllung abnehmen

3 EL Olivenöl · 1 Prise Salz · Mehl zum Ausrollen

FÜR DIE FÜLLUNG:

1 Zwiebel · 2 EL Olivenöl · 1 Knoblauchzehe

einige Blätter frischer Salbei

400 g Kürbis ohne Schale und Kerne

Salz · Pfeffer aus der Mühle

1 Eigelb · 3 EL Parmesan, frisch gerieben

Das Mehl in eine Schüssel sieben, in die Mitte eine Mulde drücken und die übrigen Zutaten hineingeben. Alles zu einem geschmeidigen Teig verarbeiten und ca. 45 Minuten ruhen lassen. Inzwischen für die Füllung die Zwiebel schälen, fein hacken und in Olivenöl andünsten. Den Knoblauch schälen und dazupressen. Den Kürbis fein raspeln, untermischen und 10 Minuten dünsten. Mit Salz, Pfeffer und gehacktem Salbei würzen und etwas abkühlen lassen. Dann das Eigelb mit dem Parmesan untermischen.

Den Teig auf einer bemehlten Arbeitsfläche ausrollen und mit einem Glas oder einem Ausstecher Kreise von ca. 8 cm ausstechen. Je einen Teelöffel der Füllung in die Mitte setzen und zu einem Halbmond formen, dann nochmals die Ecken einschlagen. Die Ränder gut festdrücken und die Teigtäschchen in kochendes Salzwasser legen. Bei milder Hitze in ca. 10 Minuten garziehen lassen, herausnehmen, zum Abtropfen auf ein Sieb schütten und nach Belieben in Butter schwenken.

Beilage: Salat und frisch geriebener Parmesan zum Bestreuen
Getränk: Ein Barolo aus dem Piemont

Penne mit Kürbis-Käse-Sauce

1 kleine Zwiebel · 1 Knoblauchzehe · 1 EL Butter
300 g Kürbis ohne Schale und Kerne
250 g Sahne · 200 g Kräuterfrischkäse
50 g Parmesan, frisch gerieben
Salz · Pfeffer · 1 Prise Muskat, frisch gerieben
1 EL frischer oder 1 TL getrockneter Thymian
400 g Penne (kurze, schräggeschnittene Röhrennudeln)

Die Zwiebel schälen und fein hacken. Den Knoblauch schälen. Die Butter in einer Kasserolle erhitzen und die Zwiebel darin glasig dünsten. Den Knoblauch dazupressen. Den Kürbis in kleine Würfel schneiden und dazugeben. Mit Sahne aufgießen, 10 Minuten köcheln und pürieren.
Den Kräuterfrischkäse und den Parmesan unterrühren und bei milder Hitze schmelzen, dabei immer wieder umrühren. Die Sauce mit Salz, Pfeffer, Muskat und Thymian kräftig würzen.
Die Nudeln in kochendem Salzwasser 9–10 Minuten bißfest kochen, in ein Sieb schütten und gut abtropfen lassen.
Die Penne mit der Sauce in einer großen, vorgewärmten Schüssel mischen und sofort servieren.

Beilage: Gemischter Blattsalat mit Vinaigrette
Getränk: Chianti

Tip: Sie können unter die Nudeln auch kleingeschnittenen Schinken, Wurst oder Fleisch heben, die Sauce darübergießen und im Backofen bei 250 ° 10–15 Minuten gratinieren.

Spaghetti mit Kürbis-Knoblauch-Sauce

500 g Kürbis ohne Schale und Kerne · 1 Zwiebel

2 EL Olivenöl · 4 Knoblauchzehen

250 g Sahne

Salz · schwarzer Pfeffer aus der Mühle

Muskat, frisch gerieben · Zitronensaft

400 g Spaghetti · 1 Bund Petersilie

50 geriebener Parmesankäse

Den Kürbis fein raspeln. Die Zwiebel schälen und klein würfeln. Das Olivenöl in einem breiten Topf erhitzen, die Zwiebel und den Kürbis darin andünsten. Den Knoblauch schälen und durch die Presse hineindrücken, die Sahne dazugießen, aufkochen und 10 Minuten köcheln lassen.
Mit dem Mixstab pürieren und dickcremig einkochen. Mit Salz, Pfeffer, Muskat und Zitronensaft abschmecken.
Die Spaghetti in kochendem Salzwasser 9–10 Minuten kochen und abgießen. Die Petersilie waschen, abzupfen, fein hacken und mit dem Parmesan unter die Sauce rühren. Die Spaghetti in einer großen Schüssel mit der Sauce mischen und sofort servieren.

Beilage: Rucolasalat mit Tomaten

Spätzle mit Kürbis und Champignons

(siehe Foto Seite 133)

1 kleine Zwiebel

250 g Kürbis ohne Schale und Kerne

2 EL Butter · 250 g Champignons

1 Knoblauchzehe · Salz · Pfeffer aus der Mühle

$^{1}/_{8}$ l Fleischbrühe

200 g Sahne · 2 EL Pinienkerne

80 g Parmesankäse, frisch gerieben

400 g Spätzle oder Spaghetti

Die Zwiebel schälen und sehr fein hacken. Den Kürbis in kleine Würfel schneiden. In einer großen Pfanne mit hohem Rand die Butter erhitzen und die Zwiebel mit dem Kürbis darin bei milder Hitze glasig dünsten. Die Champignons putzen, kurz abbrausen und blättrig schneiden. In die Pfanne geben und bei starker Hitze 5 Minuten mitdünsten. Den Knoblauch schälen und dazupressen. Mit Salz und Pfeffer kräftig würzen. Mit der Fleischbrühe und der Sahne aufgießen, aufkochen und 15 Minuten köcheln lassen. Dann die Hälfte des Parmesans untermischen und nochmals abschmecken.
Reichlich Salzwasser aufkochen und die Spätzle darin nach Packungsanweisung 9–10 Minuten bißfest kochen. In ein Sieb schütten, abtropfen lassen und mit der Sauce in einer Schüssel mischen. Mit dem restlichen Parmesan und den kurz in einer beschichteten Pfanne gerösteten Pinienkernen bestreuen.

Beilage: Gemischter Salat mit Joghurtsauce
Getränk: Trockener italienischer Weißwein, z. B. ein Lugana vom Südufer des Gardasees

Tip: In den ausgehöhlten Kürbishälften servieren.

Fisch, Fleisch und Geflügel

FISCHGERICHTE

Crêpes mit Garnelen-Kürbis-Füllung

150 g Mehl · 3 Eier · Salz · 50 g zerlassene Butter
3/8 l Milch · 1 kleine Zwiebel
200 g Kürbis ohne Schale und Kerne
2 EL Butter · 0,1 l trockener Weißwein
200 g Crème fraîche
150 g tiefgekühlte Erbsen
1 Bund Dill · 250 g gegarte, ausgelöste Garnelen
weißer Pfeffer aus der Mühle
Zitronensaft · Öl zum Ausbacken

Für den Teig Mehl, Eier und eine Prise Salz verrühren. Zerlassene Butter und Milch untermischen und den Teig zugedeckt 20 Minuten quellen lassen.
Die Zwiebel schälen und fein hacken. Den Kürbis grob raspeln. Beides in einer Pfanne in heißer Butter bei milder Hitze 5 Minuten dünsten. Mit Weißwein ablöschen und etwas einkochen lassen. Crème fraîche und Erbsen dazugeben. Salzen, pfeffern und bei milder Hitze 10 Minuten köcheln. Den Dill waschen, abzupfen und fein hacken.

In heißem Öl 8 dünne Pfannkuchen ausbacken. Zugedeckt im Backofen warm stellen.
Die Garnelen abbrausen, gut abtropfen lassen und in der Sauce kurz erwärmen. Die Füllung mit Salz, Pfeffer sowie Zitronensaft abschmecken und den Dill unterrühren. Die Füllung auf den Pfannkuchen verteilen, zusammenklappen und sofort servieren.

Beilage: Ein gemischter Salat der Saison
Getränk: Derselbe Weißwein, der zum Kochen genommen wurde.

Kürbisragout mit Shrimps

800 g Kürbis ohne Schale und Kerne · 2 Zwiebeln
2 EL Öl · 2 Knoblauchzehen
1 Stück Ingwerwurzel · 2 EL Currypulver
Salz · schwarzer Pfeffer aus der Mühle
$^1/_2$ l Gemüsebrühe · 150 g Crème fraîche
2 Frühlingszwiebeln · 300 g geschälte, gegarte Shrimps

Den Kürbis klein würfeln. Die Zwiebeln schälen, fein hacken oder in feine Ringe schneiden. In Öl bei mittlerer Hitze andünsten. Den Knoblauch und den Ingwer schälen, fein hacken und dazugeben. Das Currypulver untermischen, salzen und pfeffern. Die Gemüsebrühe angießen und das Ragout 10 Minuten offen garen.
Die Crème fraîche unterrühren. Die Frühlingszwiebeln putzen, waschen, in feine Ringe schneiden und mit den Shrimps untermischen. Weitere 5 Minuten garen, abschmecken und nach Belieben nachwürzen.

Beilage: Reis
Getränk: Ein trockener Weißwein

Südstaaten-Fischtopf mit Kürbis

Für 4–6 Personen:

500 g kleine Kartoffeln · 2 mittelgroße Stangen Lauch

3 EL Olivenöl · Salz · Pfeffer aus der Mühle

2 EL frischer Oregano · 1,5 l Gemüsebrühe

500 g Brokkoli · 500 g Kürbis ohne Schale und Kerne

2 rote Paprikaschoten · 200 g Champignons

750 g Lotte (Seeteufel) · Zitronensaft

Die Kartoffeln schälen und vierteln. Den Lauch putzen, waschen und in Ringe schneiden. In einem breiten Topf in heißem Olivenöl andünsten. Die Hälfte der Kartoffeln dazugeben, mit Salz, Pfeffer und Oregano würzen. Mit der Gemüsebrühe aufgießen, aufkochen und zugedeckt 20 Minuten garen. Anschließend pürieren.

Inzwischen den Brokkoli abbrausen und in Röschen teilen. Den Kürbis in 1 cm große Würfel, die geputzten Paprikaschoten in Streifen schneiden. Die Champignons abbrausen und blättrig schneiden.

Zusammen mit dem Gemüse und den restlichen Kartoffeln in den Topf geben und 20 Minuten köcheln. Die Lotte in mundgerechte Stücke schneiden und mit Zitronensaft beträufeln. Den Eintopf mit Salz und Pfeffer abschmecken, den Fisch einlegen und weitere 15 Minuten bei milder Hitze garziehen lassen.

Beilage: Landbrot oder Baguette
Getränk: Bier oder ein leichter weißer Landwein

Kabeljau mit Safran und Kürbisgemüse

750 Kabeljau, in Medaillons geschnitten

Zitronensaft · Salz · 500 g Kürbis

1 Zwiebel · 2 EL Butter · 1 Msp Safran, gemahlen

1 Prise Muskat, frisch gemahlen

1 Prise weißer Pfeffer aus der Mühle

$^1/_8$ l trockener Weißwein

3 EL Crème double · 1 Handvoll Kerbel

Die Kabeljaumedaillons kalt abspülen, trockentupfen, mit Zitronensaft beträufeln und leicht salzen.
Den Kürbis schälen, entkernen und in streichholzgroße Stifte schneiden oder mittelfein raspeln. Die Zwiebel schälen und fein hacken. Die Butter in einer Pfanne erhitzen und die Kürbisstifte mit den Zwiebelwürfeln 5 Minuten dünsten. Mit Salz, Safran, Muskat und Pfeffer würzen. Den Weißwein über das Gemüse gießen und die Crème double unterrühren.
Die Kabeljaumedaillons auf das Gemüse setzen. Die Pfanne schließen und den Fisch 12 Minuten garen. Das Gemüse abschmecken und, falls nötig, nachwürzen. Den Kerbel abbrausen, kleinschneiden und über den Fisch streuen.

Beilage: Naturreis oder Pellkartoffeln
Getränk: Derselbe Weißwein, der auch zum Kochen verwendet wurde.

Kabeljau in Kürbissauce

4 Kabeljau-Steaks von je etwa 200 g

2 EL Zitronensaft

Salz · Pfeffer aus der Mühle · 2 Zwiebeln

250 g Kürbis ohne Schale und Kerne

3 EL Butter · 1 TL Senf

1 Bund Schnittlauch · 80 g Butter

Den Fisch kalt abspülen, trockentupfen, mit 1 EL Zitronensaft beträufeln, salzen und pfeffern. Zugedeckt kalt stellen.

Die Zwiebeln schälen und fein hacken. Den Kürbis klein würfeln. In einer Kasserolle in 3 EL Butter in ca. 10 Minuten weich dünsten. Mit dem Mixstab pürieren. Den Senf untermischen und mit Salz und Pfeffer würzen. Mit Zitronensaft abschmecken.

Den Schnittlauch waschen und in feine Röllchen schneiden. Vor dem Servieren in die Sauce mischen.

Den Fisch in der restlichen Butter auf jeder Seite ca. 3–4 Minuten braten, salzen, pfeffern, auf vier Tellern anrichten und mit der Sauce übergießen.

Beilage: Pellkartoffeln mit Petersilie oder körnig gekochter Reis
Getränk: Weiß- oder Roséwein

Kabeljaufilets mit Kürbis und Currysahne

400 g Kartoffeln · 750 g Kürbis · Salz · 1 kleine Zwiebel

3 EL Butter · 1 EL Curry

$^1/_4$ l Fischfond (aus dem Glas) · 250 g Sahne

Pfeffer aus der Mühle

Zitronensaft · 4 Kabeljaufilets von je ca. 200 g

4 EL Mehl · 2 EL Butterschmalz

3 EL Butter · 1 Bund Schnittlauch

Die Kartoffeln waschen und ca. 30 Minuten im Wasser garen und schälen.
Den Kürbis schälen, entkernen und in $^1/_2$ cm dicke Scheiben schneiden. In kochendem Salzwasser 8 Minuten garen, eiskalt abschrecken und gut abtropfen lassen.
Die Zwiebel schälen, fein hacken und in Butter glasig dünsten. Mit Curry bestäuben, anschwitzen, mit dem Fischfond und der Sahne aufgießen. Zur gewünschten Konsistenz einkochen, mit Salz, Pfeffer und Zitronensaft abschmecken.
Den Fisch salzen, pfeffern, in Mehl wenden und in Butterschmalz etwa 8 Minuten braten, dabei einmal umdrehen.
Den Kürbis in 1 EL Butter schwenken, salzen und pfeffern. Die Kartoffeln vierteln und in der restlichen Butter braten, ebenfalls salzen und pfeffern.
Den Schnittlauch abbrausen, kleinschneiden und über den Kürbis streuen. Den Fisch mit der Currysahne, dem Kürbis und den Kartoffeln anrichten.

Beilage: Ein bunter Salat der Saison
Getränk: Bier oder ein leichter Weißwein

Schollen mit Kürbispüree

4 Schollen von je ca. 350–400 g · Zitronensaft

Salz · Pfeffer aus der Mühle

3 Bund Dill · 2 unbehandelte Zitronen · 3 EL Butter

1 Zwiebel · 1/2 Kürbis · 1/8 l Brühe

1 EL Crème fraîche · 1 Msp Cayennepfeffer

Muskatnuß, frisch gerieben · Worcestersauce · Zitronensaft

Die Schollen unter fließend kaltem Wasser gut abspülen, trockentupfen, mit Zitronensaft beträufeln, salzen und pfeffern. Den Dill abbrausen. Zwei Bund davon halbieren. Den Backofen auf 220 ° vorheizen.

Vier Stück Alufolie bereitlegen, jeweils so groß, daß man je einen Fisch locker darin einpacken kann. Die Folienstücke mit 2 EL Butter bestreichen, je ein halbes Bund Dill und einen Fisch darauflegen.

Die Zitronen unter fließendem heißen Wasser gut abbürsten, in Scheiben schneiden und diese auf den Fischen verteilen. Die Folien gut verschließen und die Päckchen auf ein Blech legen. Im Ofen auf der mittleren Schiene 25 Minuten garen.

Währenddessen die Zwiebel schälen und in der restlichen Butter weich dünsten. Den Kürbis schälen, entkernen und in dünne Scheiben schneiden. Kurz mit der Zwiebel andünsten. Mit der Brühe aufgießen und 15 Minuten köcheln.

Dann alles pürieren, die Crème fraîche unterrühren und das Püree mit Salz, Pfeffer, Cayennepfeffer, Muskat, Worcestersauce und Zitronensaft abschmecken.

Den restlichen Dill fein hacken und in das Kürbispüree streuen. Die Schollen in der Folie servieren, das heiße Kürbispüree dazu reichen.

Beilage: Körnig gekochter Reis oder Salzkartoffeln
Getränk: Ein leichter Weißwein oder Bier

Seezungenröllchen auf Kürbis-Pilz-Ragout

750 Seezungenfilets · Zitronensaft

Salz · Pfeffer aus der Mühle · 1/2 Bund Frühlingszwiebeln

500 g Champignons · 3 EL Butter

250 g Kürbis · 6 EL Crème fraîche · 50 g Kerbel

Die Filets mit Zitronensaft beträufeln, salzen und pfeffern.
Die Frühlingszwiebeln putzen, abbrausen und die weißen Zwiebelchen abschneiden. Das Grün in feine Ringe schneiden.
Die Champignons mit Küchenkrepp abreiben und die Stiele entfernen, anderweitig für eine Suppe oder Sauce verwenden. Große Pilzköpfe halbieren oder vierteln, kleine ganz lassen. In einer großen Pfanne in heißer Butter 5 Minuten braten, dann die Zwiebelchen zufügen.
Den Kürbis schälen, entkernen und in feine Scheiben schneiden. Mit dem Zwiebelgrün unter die Pilze mischen. Das Gemüse mit Salz und Pfeffer würzen und die Crème fraîche unterrühren. Weitere 10 Minuten dünsten.
Den Kerbel abbrausen, von den Stielen befreien und bis auf ein Drittel auf den Seezungenfilets verteilen.
Die Fischfilets zu Röllchen formen, mit Zahnstochern feststecken und auf das Gemüse setzen. Zugedeckt in 10 Minuten garziehen lassen.
Das Gemüse-Ragout mit den Seezungenröllchen auf vier vorgewärmte Teller verteilen und mit dem restlichen Kerbel bestreuen.

Beilage: In Butter geschwenkter Reis
Getränk: Ein leichter Weißwein

Seezungenfilets auf asiatischem Gemüse mit Kürbis

750 g Seezungenfilets · Zitronensaft

Salz · schwarzer Pfeffer aus der Mühle

200 g Kürbis ohne Schale und Kerne

1 kleine Stange Lauch

150 g frische Sojasprossen

4 EL Öl · 3 EL Sojasauce

3 EL trockener Sherry · 1 Knoblauchzehe

Den Fisch kalt abspülen, trockentupfen, mit Zitronensaft beträufeln, salzen und pfeffern. Bis zum Weiterverwenden zugedeckt ziehen lassen.
Den Kürbis in Streifen raspeln. Den Lauch putzen, waschen und in feine Ringe schneiden. Die Sojasprossen abbrausen. Mit Kürbis und Lauch in 2 EL Öl 5 Minuten dünsten. Sojasauce und Sherry dazugießen, mit Salz und Pfeffer würzen und weitere 5 Minuten garen.
Die Seezungenfilets in dem restlichen Öl beidseitig kurz anbraten. Den Knoblauch schälen und darüberpressen, mit Salz und Pfeffer würzen und mit dem Gemüse anrichten.

Beilage: Basmati-Reis
Getränk: Bier

Lachs mit Kürbis, im Ofen gegart

4 Lachssteaks von je etwa 200 g · 1 EL Zitronensaft

Salz · Pfeffer aus der Mühle

250 g Kürbis ohne Schale und Kerne

2 Schalotten · 2 EL Butter

0,2 l trockener Weißwein · 150 g Crème fraîche

1 Msp Cayennepfeffer · 1 Bund Dill

Den Lachs kalt abspülen, trockentupfen, mit Zitronensaft beträufeln, salzen, pfeffern und bis zum Weiterverarbeiten zugedeckt kalt stellen.

Den Kürbis in $^1/_2$ cm große Würfel schneiden. Die Schalotten schälen und fein hacken. Den Backofen auf 180 ° vorheizen.

Die Hälfte der Butter in einer Pfanne erhitzen, Schalotten und Kürbiswürfel darin 1 Minute dünsten. Mit dem Weißwein ablöschen und aufkochen. Die Crème fraîche unterrühren und 2 Minuten köcheln. Mit Salz, Pfeffer und Cayennepfeffer würzen. Den Dill waschen, abzupfen, fein hacken und unter das Gemüse mischen.

Eine Gratinform mit der restlichen Butter einfetten. Den Lachs hineinlegen und den Kürbis samt Sauce darauf verteilen. Die Form mit Alufolie verschließen. In der Mitte des vorgeheizten Backofens etwa 20 Minuten garen.

Beilage: Reis oder Kartoffeln
Getränk: Derselbe trockene Weißwein, der auch zum Kochen genommen wurde.

Petersfisch auf Kürbis-Brokkoligemüse

800 g Petersfisch in 4 Portionen · Zitronensaft

Salz · Pfeffer aus der Mühle

500 g Kürbis ohne Kerne und Schale · 250 g Brokkoli

150 g junge Erbsen

1 kleines Bund Petersilie · 3 EL Olivenöl

4 EL Butter

Den Fisch kalt abspülen, trockentupfen, mit Zitronensaft beträufeln, salzen, pfeffern und kalt stellen.
Den Kürbis in kleine Würfel schneiden. Den Brokkoli in kleine Röschen teilen. Reichlich Salzwasser aufkochen. Kürbis und Brokkoli getrennt jeweils 5 Minuten blanchieren, eiskalt abschrecken und sehr gut abtropfen lassen. Die Petersilie abbrausen und fein hacken. Den Backofen auf 180 ° vorheizen.
Das Olivenöl in einer Pfanne erhitzen und den Fisch auf jeder Seite 3 Minuten braten, würzen und mit Petersilie bestreuen.
Die Hälfte der Butter in einer Pfanne erhitzen und das Gemüse darin 3 Minuten schwenken, salzen, pfeffern und die Hälfte davon in eine gefettete Gratinform füllen. Den Fisch daraufsetzen, das restliche Gemüse darüber verteilen. Mit der übrigen Butter in Flöckchen besetzen und für 10 Minuten in den vorgeheizten Backofen stellen.

Beilage: Neue Kartoffeln
Getränk: Ein leichter, trockener Weißwein, z. B. Riesling aus der Wachau.

Hackfleischbällchen auf Kürbisragout

1 altbackenes Brötchen · 1 mittelgroße Zwiebel

1 EL Butter · 2 Knoblauchzehen

1 Bund Petersilie · 500 g gemischtes Hackfleisch

1 Ei · Salz · schwarzer Pfeffer aus der Mühle

1 Prise Rosenpaprika · 4 EL Olivenöl · 400 g Kürbis

150 g Austernpilze · 2 Knoblauchzehen

4 cl trockener Sherry · 200 g Sahne

2 EL Tomatenmark

Das Brötchen in Wasser einweichen. Die Zwiebel schälen, sehr fein hacken und in heißer Butter weich dünsten. Den Knoblauch schälen und dazupressen.
Die Petersilie abbrausen, abzupfen und fein hacken. Die Hälfte davon mit dem Hackfleisch und dem Ei in eine Schüssel füllen. Das Brötchen gut ausdrücken und mit der Zwiebel-Knoblauch-Mischung zufügen. Alles gut durchmischen und den Teig mit Salz, Pfeffer und Paprika kräftig würzen.
Aus der Fleischmasse tischtennisballgroße Kugeln formen und in 3 EL heißem Olivenöl rundum 15 Minuten braten. Warm stellen.
Den Kürbis in kleine Würfel schneiden. Im restlichen Olivenöl in einer großen Pfanne braten. Die Austernpilze abbrausen und in schmale Streifen schneiden. Zu dem Kürbis geben und 10 Minuten dünsten. Den Knoblauch schälen und dazupressen. Mit Sherry ablöschen, etwas einkochen lassen, die Sahne und

das Tomatenmark untermischen, aufkochen und weitere 5 Minuten dünsten. Das Kürbis-Pilz-Ragout abschmecken und die restliche gehackte Petersilie einstreuen. Mit den Hackfleischbällchen servieren.

Beilage: Baguette oder frisches Landbrot
Getränk: Bier oder ein leichter Landwein

Kürbis-Hackfleisch-Wähe

Für 4–6 Personen:
FÜR DEN TEIG:
250 g Mehl · 125 g eiskalte Butter
1 Ei · 1 Prise Salz
1 Prise Muskatnuß, frisch gerieben
Mehl für die Arbeitsfläche · Fett für die Form
FÜR DEN BELAG:
3 Zwiebeln · 3 EL Olivenöl
400 g gemischtes Hackfleisch
500 g Kürbis · 1 Fleischtomate
3 Knoblauchzehen · Salz · frisch gemahlener schwarzer Pfeffer
1 TL Kräuter der Provence · 1 Bund Petersilie
3 Eier · 150 g Crème fraîche · 150 g geriebener Bergkäse

Für den Teig das Mehl in eine Schüssel häufen. Die Butter in kleinen Würfeln, Eigelb, Wasser, Salz und Muskatnuß zufügen. Alles zu einem geschmeidigen Mürbeteig verarbeiten. Eine Kugel daraus formen und in Folie gepackt 1 Stunde im Kühlschrank ruhen lassen.

Kartoffel-Kürbis-Gratin mit Gorgonzola *(Rezept siehe S. 62)*

Für den Belag die Zwiebeln schälen, fein hacken und in einem breiten Topf in 2 EL heißem Olivenöl glasig dünsten. Das Hackfleisch zufügen und unter Rühren krümelig braten. In eine Schüssel geben.
Den Kürbis schälen, entkernen und grob raspeln, im restlichen Olivenöl 8 Minuten dünsten.
Inzwischen die Fleischtomate überbrühen, häuten, entkernen, grob hacken und zufügen. Den Knoblauch schälen und durch die Knoblauchpresse dazudrücken.
Das Gemüse mit Salz, Pfeffer und Kräutern der Provence kräftig würzen. Weiterdünsten, bis der Saft fast verdampft ist. Zu dem Hackfleisch in die Schüssel geben, etwas abkühlen lassen.
Die Petersilie abbrausen, abzupfen, mittelfein hacken und untermischen.
Die Eier mit Crème fraîche und geriebenem Käse verrühren und würzen. Unter das Gemüse-Hackfleisch ziehen und alles noch einmal herzhaft abschmecken.
Den Backofen auf 200 ° vorheizen. Den Teig auf einer bemehlten Fläche ausrollen und in eine gefettete Springform (26 cm Durchmesser) legen, dabei einen Rand von ca. 3 cm hochdrücken. Die Gemüse-Fleisch-Mischung darauf verteilen. Die Kürbis-Hackfleisch-Wähe auf der mittleren Schiene 40 Minuten backen.

Tip: Am besten frisch aus dem Ofen servieren.

Kürbispfanne mit Schweinefleisch und Reis

200 g Langkornreis · Salz
500 g Schweinefilet · 1 große Zwiebel
300 g Kürbis ohne Schale und Kerne
2 EL Butterschmalz
2 Knoblauchzehen · Pfeffer aus der Mühle
Muskatnuß · 1 Bund glatte Petersilie

Den Reis in kochendem Salzwasser 20 Minuten garen, in ein Sieb schütten und sehr gut abtropfen lassen.
Das Fleisch in ca. 1,5 cm große Würfel schneiden. Die Zwiebel schälen und fein hacken. Den Kürbis in kleine Würfel schneiden. In einer großen Pfanne mit hohem Rand das Fleisch in heißem Butterschmalz rundum kräftig anbraten. Den Knoblauch schälen und durch die Knoblauchpresse dazudrücken. Mit Salz und Pfeffer würzen, herausnehmen und beiseite stellen. Die Zwiebel und den Kürbis im verbliebenen Fett 5 Minuten dünsten. Die Petersilie abbrausen, abzupfen und fein hacken.
Den Reis und das Fleisch unter den Kürbis mischen. Mit Salz, Pfeffer und Muskat würzen und alles bei milder Hitze weitere 10 Minuten garen, abschmecken und die Petersilie unterheben.

Beilage: Knackiger Blattsalat mit Vinaigrette
Getränk: Bier oder ein leichter Rotwein

Kürbisgemüse mit Kasseler

600 g rohes Kasseler, ausgelöst

2 EL Butter · weißer Pfeffer aus der Mühle

3/8 l Fleischbrühe

800 g Kürbis ohne Schale und Kerne

Salz · Zitronensaft

1 Bund Schnittlauch

Das Kasseler in Würfel von 1,5 cm Kantenlänge schneiden. In einem breiten Topf in heißer Butter rundum kurz braten. Mit Pfeffer würzen und mit der Fleischbrühe aufgießen. 20 Minuten köcheln lassen.
Den Kürbis in Würfel in der Größe der Fleischstücke schneiden, in den Topf geben und 10 Minuten köcheln.
Den Eintopf mit Salz, Pfeffer und Zitronensaft abschmecken.
Den Schnittlauch waschen, in Röllchen schneiden und in das Gericht streuen.

Beilage: Baguette oder Kartoffeln
Getränk: Bier

Kürbis-Kartoffel-Auflauf mit Räucherwurst

2–3 Paar Landjäger oder andere Räucherwurst

1 EL Öl · 2 Knoblauchzehen

500 g Kartoffeln · 500 g Kürbis

½ Bund Frühlingszwiebeln

schwarzer Pfeffer aus der Mühle · 1 TL Thymian

100 g frisch geriebener Emmentaler

¼ l Milch · 2 Eier

Die Würste pellen, in ½ cm dicke Scheiben schneiden und in heißem Öl knusprig braten. Den Knoblauch schälen und dazudrücken. Die Wurst aus dem Fett nehmen. Das Fett aufbewahren.
Die Kartoffeln schälen, den Kürbis aus der Schale schneiden, entkernen und alles grob raspeln. Die Frühlingszwiebeln putzen, waschen und in Ringe schneiden. Mit Kartoffel- und Kürbisraspeln sowie der Räucherwurst mischen. Mit Pfeffer und Thymian würzen. Den Backofen auf 200 ° vorheizen.
Eine Auflaufform mit dem verbliebenen Bratfett auspinseln, die Gemüse-Wurst-Mischung hineinfüllen und die Oberfläche glattstreichen. Käse mit Milch und Eiern verquirlen und gleichmäßig darübergießen. Im vorgeheizten Backofen auf der mittleren Schiene 45 Minuten backen.

Beilage: Ein gemischter Salat
Getränk: Bier

Filetwürfel in Sahnesauce mit Kürbis und Bohnen

Für 5–6 Personen:

800 g Rinderfilet · 1 große Zwiebel

2 EL Öl · Salz · Pfeffer

6 cl trockener Sherry · 1/4 l Rinderbrühe

200 g Crème fraîche

3 TL grüner eingelegter Pfeffer

300 g Kürbis ohne Schale und Kerne

200 g geputzte Prinzeßbohnen · 2 EL Butter

1/2 Bund Schnittlauch

Das Rinderfilet in Würfel schneiden, die Zwiebel schälen und fein hacken. Das Fleisch in einem Topf in heißem Öl portionsweise rundum kräftig anbraten. Salzen, pfeffern und beiseite stellen.

Die Zwiebel im verbliebenen Fett andünsten. Mit dem Sherry ablöschen, die Rinderbrühe angießen, die Crème fraîche untermischen und aufkochen. Mit Pfefferkörnern und Salz würzen.

Den Kürbis in kleine Würfel schneiden. Mit den Bohnen in Salzwasser knackig garen. Das Fleisch mit dem Gemüse zu den Zwiebeln in die Pfanne geben und untermischen, die Butter zufügen und bei milder Hitze 10 Minuten garen. Den Schnittlauch waschen, kleinschneiden und zugeben. Mit Salz und Pfeffer abschmecken und auf vier vorgewärmten Tellern anrichten.

Beilage: Frisches Landbrot oder Baguette
Getränk: Ein leichter roter Landwein

Rindsragout mit Kürbis und Schalotten

800 g Rindfleisch (aus der Schulter oder Wade)

2 EL Olivenöl · 2 große Zwiebeln

3 Knoblauchzehen · 2 Fleischtomaten · 1 Lorbeerblatt

1 Zweig Thymian

Salz · schwarzer Pfeffer aus der Mühle

$^3/_8$ l trockener Rotwein

200 g Schalotten · 250 g Kürbis

2 Bund glatte Petersilie

Das Fleisch in mundgerechte Würfel schneiden und in einer Kasserolle in heißem Olivenöl portionsweise anbraten, dann herausnehmen. Die Zwiebeln schälen, halbieren, in feine Halbringe schneiden und im verbliebenen Fett glasig dünsten. Den Knoblauch schälen und dazupressen.

Die Tomaten überbrühen, häuten, entkernen und grob hacken. Zusammen mit dem Fleisch in den Topf geben. Lorbeerblatt und Thymian zufügen, salzen, pfeffern und mit Rotwein aufgießen. Alles zugedeckt bei milder Hitze eine Stunde schmoren lassen.

Die Schalotten und den Kürbis schälen. Den Kürbis in mundgerechte Würfel schneiden und mit den Schalotten unter das Fleisch mischen. Alles weitere 45 Minuten zugedeckt garen.

Die Petersilie abbrausen, von den Stengeln zupfen, mittelfein hacken und vor dem Servieren einstreuen.

Beilage: Kartoffeln oder Nudeln

Getränk: Derselbe Rotwein, der auch zum Kochen genommen wurde.

Rindfleisch mit Kürbis und Chili aus dem Wok

600 g Rinderfilet · 1 Chilischote

1 TL abgeriebene Schale von 1 unbehandelten Zitrone

4 EL Sojasauce · 4 EL Öl

Salz · schwarzer Pfeffer aus der Mühle

500 g Kürbis · $^1/_8$ l Fleischbrühe

1 Bund frischer Koriander oder Petersilie

Das Rindfleisch quer zur Faser in dünne Streifen schneiden. Die Chilischote längs aufschlitzen, Kerne entfernen und in sehr feine Ringe schneiden.

Die Fleischstreifen mit der Chilischote, der Zitronenschale, Sojasauce und 2 EL Öl in einer Schüssel mischen, salzen und pfeffern. Zugedeckt 30 Minuten im Kühlschrank ziehen lassen.

Den Kürbis in kleine Würfel schneiden.

Das Fleisch aus der Marinade nehmen, gut abtropfen lassen und im Wok im restlichen Öl portionsweise kräftig anbraten; herausnehmen.

Den Kürbis in den Wok geben und mit der Marinade und der Fleischbrühe übergießen. Aufkochen und zugedeckt bei milder Hitze 10 Minuten schmoren. Nach 5 Minuten das Fleisch wieder untermischen.

Den Koriander abbrausen, abzupfen, mittelfein hacken und zum Schluß einstreuen.

Beilage: Reis

Tip: Falls Sie keinen Wok haben, geht auch eine große Pfanne.

Kalbsmedaillons in Kürbis-Orangen-Sauce

Für 4–8 Personen:

8 Kalbsmedaillons von je ca. 100 g

3 EL Butterschmalz

Salz · weißer Pfeffer aus der Mühle

1 Prise gemahlener Koriander · 2 Schalotten

250 g Kürbis ohne Schale und Kerne

1 Orange · 150 g Crème fraîche

1/2 Bund Basilikum

Die Kalbsmedaillons in 2 EL heißem Butterschmalz 4 Minuten braten, dabei einmal wenden. Mit Salz, Pfeffer und Koriander rundum würzen, aus der Pfanne nehmen und zugedeckt warm stellen.

Die Schalotten schälen und fein hacken. Den Kürbis in kleine Würfel schneiden. Im restlichen Fett mit den Schalotten 10 Minuten dünsten.

Die Orange auspressen und den Saft dazugießen.

Die Crème fraîche untermischen und alles 5 Minuten köcheln lassen. Dann die Sauce pürieren und mit Salz, Pfeffer und Koriander abschmecken.

Das Basilikum waschen, abzupfen und bis auf einige Blättchen in schmale Streifen schneiden. Die Kalbsmedaillons auf vier vorgewärmte Teller setzen, mit der Kürbis-Orangen-Sauce überziehen und mit dem restlichen Basilikum garnieren.

Beilage: Nudeln oder Naturreis
Getränk: Leichter Weiß- oder Roséwein

Kalbsleber in Wein-Kürbis-Sauce

500 g Kalbsleber · 2 EL Butterschmalz
1 EL Speisestärke · Salz · weißer Pfeffer aus der Mühle
1 kleine Zwiebel
250 g Kürbis ohne Schale und Kerne
$^1/_4$ l trockener Weißwein · $^1/_8$ l Fleischbrühe
150 g Crème fraîche · Zitronensaft
1 TL Worcestersauce

Die Kalbsleber in feine Streifen schneiden und in heißem Butterschmalz kurz und kräftig anbraten. Mit Speisestärke bestäuben, salzen und pfeffern, nochmal durchrühren und herausnehmen.

Die Zwiebel schälen, fein hacken und im verbliebenen Fett glasig dünsten. Den Kürbis fein raspeln, zufügen und 5 Minuten mitdünsten.

Mit dem Wein und der Brühe ablöschen. Die Crème fraîche zufügen und alles noch 10–15 Minuten köcheln. Pürieren und zur gewünschten Konsistenz einkochen.

Die Sauce abschmecken. Die Leber wieder in die Pfanne geben und in der Sauce erwärmen.

Beilage: Reis oder Kartoffelpüree
Getränk: Derselbe Weißwein, der auch zum Kochen verwendet wurde.

Lammtopf mit Kürbis und Schalotten

750 g Lammschulter · 500 g Schalotten

500 g Kürbis ohne Schale und Kerne

3 EL Olivenöl · 1 Dose Tomaten (400 g)

3 Knoblauchzehen

Salz · schwarzer Pfeffer aus der Mühle

1 EL frischer oder 1 TL getrockneter Oregano

1 Prise Kreuzkümmel (Cumin)

$^1/_4$ l Fleischbrühe

Die Lammschulter in Würfel von 2 cm Kantenlänge schneiden. Die Schalotten schälen und längs halbieren. Den Kürbis in 1,5 cm große Würfel schneiden.

Das Fleisch portionsweise in heißem Olivenöl anbraten, herausnehmen. Die Schalotten und den Kürbis im verbliebenen Fett kurz dünsten. Die Tomaten samt Saft untermischen und mit einer Gabel zerdrücken.

Das Fleisch wieder zufügen. Den Knoblauch schälen und dazudrücken. Alles mit Salz, Pfeffer, Oregano und Kreuzkümmel kräftig würzen. Mit der Fleischbrühe aufgießen und zugedeckt gut 45 Minuten köcheln lassen.

Beilage: Fladenbrot oder Reis
Getränk: Ein kräftiger Landwein, rot oder weiß

Hühnerschenkel in Kürbis-Kresse-Rahm

4 Hühnerschenkel

Salz · schwarzer Pfeffer aus der Mühle

1 Prise Kreuzkümmel · 3 EL Öl · 1 Zwiebel

300 g Kürbis ohne Schale und Kerne

250 g Sahne · Zitronensaft

1 Kästchen Kresse

Die Hühnerkeulen rundum mit Salz, Pfeffer und Kreuzkümmel einreiben.

Das Öl in einem Bräter erhitzen und die Hühnerkeulen darin rundum ca. 10 Minuten kräftig anbraten. Herausnehmen und zugedeckt beiseite stellen.

Die Zwiebel schälen, fein hacken und im verbliebenen Fett andünsten. Den Kürbis schälen, entkernen, fein raspeln und zufügen. Kurz andünsten, salzen, pfeffern und mit der Sahne begießen. 15 Minuten köcheln, bis der Kürbis weich ist. Mit dem Mixstab pürieren, mit Salz, Pfeffer und Zitronensaft abschmecken.

Die Hühnerschenkel hineinlegen. Zugedeckt in etwa 20 Minuten garziehen lassen. Die Kresse abbrausen und die Blättchen über dem Bräter abschneiden, so daß alles damit bestreut ist.

Beilage: Reis oder Baguette
Getränk: Weiß- oder Roséwein

Hähnchen mit Kürbis-Nuß-Füllung

1 Hähnchen von ca. 1,2 kg

Salz · Pfeffer aus der Mühle · 4 EL Butter

FÜR DIE FÜLLUNG:

2 Brötchen vom Vortag · 1 große Zwiebel · 2 EL Butter

250 g Kürbis ohne Schale und Kerne

1 kleine Stange Lauch

50 g Walnüsse, gehackt · 2 Eier

Salz · Pfeffer · Muskat

1 EL frischer Oregano oder 1 TL getrockneter

Für die Füllung die Brötchen in Wasser einweichen. Die Zwiebel schälen, fein hacken und in Butter glasig dünsten.

Den Kürbis mittelfein raspeln und zufügen, 3 Minuten mitdünsten.

Den Lauch putzen, waschen und in feine Ringe schneiden. Mit den Walnüssen unter den Kürbis mischen und kurz mitdünsten. Das Gemüse etwas abkühlen lassen.

Die Brötchen ausdrücken und mit den Eiern und dem Gemüse mischen. Mit Salz, Pfeffer, Muskat und Oregano würzen.

Das Hähnchen abspülen, abtrocknen, innen und außen salzen und pfeffern. Die Füllung in den Bauch geben und die Öffnung mit Küchenzwirn zunähen. Den Backofen auf 200 ° vorheizen.

Einen Bräter mit der Hälfte der Butter einfetten und das Hähnchen mit dem Rücken nach unten hineinlegen. Mit der restlichen Butter bepinseln.

Das Hähnchen 25 Minuten bei 200 ° braten, dann die Temperatur auf 180 ° zurückschalten und weitere 20 Minuten braten. Zwischendurch immer wieder mit Fett bepinseln.

Nach Beendigung der Garzeit das Hähnchen im ausgeschalte-

ten Ofen 10 Minuten ruhen lassen, damit sich der Fleischsaft verteilen kann.
Das Hähnchen in Portionsstücke zerteilen.

Beilage: Baguette oder Reis und ein knackiger Blattsalat.

Putenrouladen mit Kürbisfüllung

1 Zwiebel · 150 g Kürbis ohne Schale und Kerne

3 EL Butter · 1 EL Pinienkerne

2 Knoblauchzehen · Salz · Pfeffer aus der Mühle

1 EL frischer oder 1 TL getrockneter Thymian

2 EL Semmelbrösel · 2 Eier

4 Putenschnitzel von je ca. 180 g · 2 EL Öl

1/4 l trockener Weißwein · 150 g Crème fraîche

Die Zwiebel schälen und fein hacken. Den Kürbis fein raspeln. Die Butter erhitzen und die Pinienkerne darin goldbraun rösten. Zwiebeln und Kürbis zufügen und 8 Minuten dünsten. Knoblauch schälen und dazudrücken, mit Salz, Pfeffer und Thymian würzen und etwas abkühlen lassen.
Die Semmelbrösel mit den Eiern mischen, das Gemüse zufügen und die Masse nochmals abschmecken. Die Putenschnitzel salzen und pfeffern. Die Füllung darauf verteilen, Schnitzel zu Röllchen formen und mit Rouladennadeln zustecken.
Das Öl in einer breiten Pfanne erhitzen und die Putenrouladen rundum kräftig anbraten. Mit Weißwein ablöschen, die Crème fraîche unterrühren, mit Salz und Pfeffer würzen und weitere 20 Minuten zugedeckt schmoren.

Beilage: Kartoffelpüree
Getränk: Derselbe Weißwein, der auch zum Kochen verwendet wurde.

Kürbisgratin mit Putenbrust

800 g Kürbis ohne Schale und Kerne
Salz · 1 Bund Schnittlauch
350 g geräucherte Putenbrust in Scheiben
schwarzer Pfeffer aus der Mühle
1 Prise Muskat, frisch gerieben
250 g Sahnegorgonzola
Fett für die Form

Den Kürbis in ca. 1 cm große Würfel schneiden. In kochendem Salzwasser 5 Minuten garen, dann in einem Sieb sehr gut abtropfen lassen. Den Schnittlauch abbrausen und kleinschneiden. Die Putenbrust in schmale Streifen schneiden.
Den Backofen auf 200 ° vorheizen.
Eine feuerfeste Form fetten. Den Kürbis mit den Putenbruststreifen und dem Schnittlauch mischen, mit Salz, Pfeffer und Muskat würzen und hineinfüllen.
Den Sahnegorgonzola in Flocken darauf verteilen und das Gratin auf der mittleren Schiene des vorgeheizten Backofens 20 Minuten überbacken.

Beilage: Neue Kartoffeln
Getränk: Ein leichter Roséwein

Putenschnitzel in Kürbis-Apfelsauce

250 g Kürbis ohne Schale und Kerne

2 Schalotten · 1 mittelgroßer Apfel

4 EL Öl · Salz · Pfeffer aus der Mühle

1 TL Majoran · 0,2 l Apfelwein (Cidre)

3 EL Crème fraîche

4 Putenschnitzel von je ca. 180 g

Den Kürbis in kleine Würfel schneiden. Die Schalotten schälen und fein hacken. Den Apfel schälen und vierteln, vom Kernhaus befreien und in kleine Würfel schneiden.
Die Hälfte des Öls in einer Pfanne erhitzen, die Schalotten mit den Kürbis- und Apfelwürfeln darin 5 Minuten dünsten.
Mit Salz, Pfeffer und Majoran würzen. Den Apfelwein und die Crème fraîche unterrühren. Alles etwa 10 Minuten bei milder Hitze köcheln lassen. Pürieren und abschmecken.
Die Putenschnitzel in dem restlichen Öl auf jeder Seite ca. 4–5 Minuten, je nach Dicke braten, salzen und pfeffern. Auf vorgewärmten Tellern anrichten und mit der Sauce übergießen.

Beilage: Kartoffelpüree oder Salzkartoffeln
Getränk: Cidre oder ein leichter Landwein

Desserts und Gebäck

Kürbiskompott im Vanillereisrand

½ l Milch · 125 g Milchreis

1 Vanilleschote

1 Stück Zitronenschale (unbehandelt)

2 Eigelb · 50 g Zucker

250 g Crème fraîche · 5 Blatt Gelatine

500 g Kürbis ohne Schale und Kerne

0,1 l Weißwein · 5 EL Honig

4 cl Orangenlikör (z. B. Grand Marnier)

3 EL Pinienkerne

Die Milch mit dem Reis in einen Topf geben. Die Vanilleschote aufschlitzen, das Mark auskratzen und mit der Vanilleschote und der Zitronenschale dazugeben. Alles langsam aufkochen und 35–40 Minuten zugedeckt bei milder Hitze ausquellen lassen. Vanilleschote und Zitronenschale herausnehmen und wegwerfen.

Die Eigelbe mit dem Zucker zu einer hellgelben, cremigen Masse aufschlagen, die Crème fraîche unterrühren. Die Gelatine 5 Minuten in kaltem Wasser einweichen, ausdrücken und mit der Eiercreme unter den Reis heben. Die Masse in eine kalt ausgespülte Ringform (1 l Inhalt) füllen, glattstreichen und für ca. 2 Stunden kalt stellen.

Inzwischen den Kürbis würfeln, in einen Topf geben, Weißwein, den Honig und Orangenlikör dazugeben, aufkochen. 10 Minuten köcheln, dann abkühlen lassen.
Die Pinienkerne in einer trockenen beschichteten Pfanne hellbraun rösten und untermischen. Den Reis aus der Form auf eine Platte stürzen und das Kürbiskompott in die Mitte geben. Gleich servieren.

Orientalisches Kürbisdessert

300 g Kürbis ohne Schale und Kerne

1/4 l Milch · 200 g Sahne

125 g Zucker · 100 g gemahlene Mandeln

1 Prise gemahlener Kardamom

2 EL Orangenlikör · 1 EL Mandelblättchen

Den Kürbis grob raspeln. Zusammen mit der Milch, der Sahne und dem Zucker 35 Minuten im offenen Topf köcheln, bis der Kürbis weich ist und die Flüssigkeit fast verdampft ist.
Die gemahlenen Mandeln, Kardamom und Orangenlikör untermischen.
Die Masse in Portionsschälchen oder eine große Schüssel füllen. Für mindestens 1 Stunde kalt stellen.
Die Mandelblättchen in einer trockenen beschichteten Pfanne goldbraun rösten und auf das Dessert streuen.

Teigtäschchen mit Kürbisfüllung *(Rezept siehe S. 80)*

Charlotte mit Kürbis- und Quarkcreme

Für 6–8 Personen:

1 kg Kürbis · 1/2 l Milch · 300 g Zucker

2 Vanilleschoten · 12 Blatt weiße Gelatine

500 g Crème double · 500 g Magerquark

20 Löffelbiskuits

1 Zweig frische Minze oder Melisse

Den Kürbis vierteln, entkernen, das Fruchtfleisch herausschneiden und klein würfeln. Knapp mit Wasser bedeckt aufkochen, 15 Minuten garen und sehr gut abtropfen lassen. Die Milch mit 100 g des Zuckers und einer längs halbierten Vanilleschote aufkochen, die Kürbiswürfel zufügen und so lange köcheln lassen, bis die Milch verdampft ist. Die Vanilleschote entfernen und wegwerfen. Den Topfinhalt pürieren und warm halten.

Die Hälfte der Gelatine 5 Minuten in kaltem Wasser einweichen, ausdrücken und in dem Püree auflösen. Kalt stellen und leicht gelieren lassen. Die Crème double mit dem restlichen Zucker steif schlagen. Die zweite Vanilleschote aufschlitzen, auskratzen und das Mark mit der Hälfte der Schlagsahne unter den Quark mischen. Die restliche Gelatine einweichen, ausdrücken, in wenig heißem Wasser auflösen und unter den Quark mischen. Die übrige Schlagsahne unter das Kürbisgelee rühren. Eine Charlottenform mit den Löffelbiskuits auslegen und die Kürbiscreme abwechselnd mit der Quarkmischung in vier Schichten hineinfüllen, mit Löffelbiskuits bedecken und die Charlotte über Nacht im Kühlschrank ganz fest werden lassen.

Am nächsten Tag stürzen und mit Minze- oder Melisseblättchen garnieren.

Kürbiskuchen mit Haselnüssen

Für 1 Kastenform von 25 cm Länge:

3 Eier · 150 g Honig

2 TL abgeriebene Zitronenschale · 3 EL Cognac

1 Prise Salz · je 1 Prise Pfeffer und Muskat

1 TL Zimt · 200 g Kürbis ohne Schale und Kerne

100 g gemahlene Haselnüsse

150 g Mehl · 1/2 TL Backpulver · Fett für die Form

Puderzucker zum Bestäuben

Die Eier trennen. Die Eigelbe mit dem Honig cremig schlagen. Zitronenschale, Cognac, Salz, Pfeffer, Muskat und Zimt dazugeben. Den Backofen auf 180 ° vorheizen.

Den Kürbis fein raspeln und mit den Haselnüssen und dem Mehl unter die Eigelbmasse mischen. Die Eiweiße zu sehr steifem Schnee schlagen und gleichmäßig unterheben. Die Kastenform fetten, den Teig einfüllen und ca. 1 Stunde auf der mittleren Schiene backen.

Den Kuchen auf einem Kuchengitter etwas auskühlen lassen, aus der Form stürzen und vor dem Servieren mit Puderzucker bestäuben.

Feine Kürbistarte

Für 1 Form von 26 cm Durchmesser:

FÜR DEN TEIG:

250 g Mehl · 50 g Zucker · 125 g Butter · 1 Ei · 7 EL Milch

FÜR DIE FÜLLUNG:

400 g Kürbis ohne Schale und Kerne

3 Eier · 50 g Zucker

100 g gemahlene Mandeln · 1 TL Zimt

2 cl Cream Sherry · 1 Prise Salz

abgeriebene Schale von 1 unbehandelten Zitrone

Fett für die Form

Aus Mehl, Zucker, Butter, Ei und Milch einen Mürbeteig kneten. Den Teig zu einer Kugel formen und etwa 30 Minuten im Kühlschrank ruhen lassen.

Den Kürbis klein würfeln, knapp mit Wasser bedeckt in 15 Minuten weich kochen. In ein Sieb gießen, gut abtropfen lassen und pürieren. Die Eier trennen. Eigelbe und Zucker schaumig schlagen. Kürbispüree, Mandeln, Zimt, Cream Sherry und abgeriebene Zitronenschale untermischen.

Das Eiweiß mit Salz zu sehr steifem Schnee schlagen. Den Eischnee gleichmäßig unter die Masse heben. Den Backofen auf 220 ° vorheizen.

Die Form einfetten, den Teig auf der bemehlten Arbeitsfläche ausrollen. In die Form legen und einen etwa 3 cm hohen Rand formen. Die Füllung gleichmäßig darauf verteilen und glattstreichen. Den Kuchen auf der mittleren Schiene des vorgeheizten Backofens 30 Minuten backen. Falls die Oberfläche zu dunkel wird, mit Alufolie abdecken. Den Kuchen auf einem Gitter abkühlen lassen.

Tip: Schmeckt ganz frisch und mit Sahne besonders köstlich!

Blechkuchen mit Kürbis und Mandeln

Für 1 Backblech:

250 g weiche Butter · 200 g Zucker

5 Eier · 400 g Kürbis ohne Schale und Kerne

Saft von $^{1}/_{2}$ Zitrone

250 g Mehl · 1 Päckchen Backpulver

250 g gemahlene Mandeln

Puderzucker zum Bestäuben.

Die Butter mit dem Zucker in einer Rührschüssel mit dem Handrührer schaumig schlagen. Die Eier nach und nach dazugeben und weiterrühren, bis die Masse cremig geworden ist.
Den Kürbis klein würfeln und in Wasser 10 Minuten weich kochen. Mit einem Schaumlöffel herausnehmen, gut abtropfen und abkühlen lassen und den Zitronensaft untermischen. Den Kürbis mit einer Gabel zerdrücken und unter den Teig rühren.
Das Mehl mit dem Backpulver und den gemahlenen Mandeln nach und nach unter die Teigmasse arbeiten.
Den Backofen auf 200 ° vorheizen. Ein Backblech einfetten, den Teig gleichmäßig darauf verteilen und die Oberfläche glattstreichen. Auf der mittleren Schiene des vorgeheizten Backofens 45–50 Minuten goldgelb backen.
Den Kuchen auf einem Kuchengitter auskühlen lassen und in Portionsstücke schneiden. Nach Belieben mit Puderzucker bestäuben.

Pie mit Kürbis und Beeren

Für eine Pieform von 24 cm Durchmesser:

90 g kalte Butter · 30 g kaltes Butterschmalz

150 g Mehl · $^1/_4$ TL Salz

1 EL Zucker · 3 EL eiskaltes Wasser

250 g Erdbeeren · 250 g Johannisbeeren · 250 g Kürbis

50 g Zucker · 1 Zimtstange

$^1/_8$ l Holundersirup (aus dem Reformhaus)

Mehl für die Arbeitsfläche

Die Butter und das Butterschmalz klein würfeln und in eine Schüssel geben. Mehl, Salz und Zucker zufügen. Mit dem eiskalten Wasser beträufeln. Alles zu einem Mürbeteig kneten und zugedeckt 1 Stunde kalt stellen.
Die Beeren abzupfen, abbrausen und in einem Sieb gut abtropfen lassen. Den Kürbis klein würfeln und mit den Beeren in einem großen Topf mit dem Zucker bestreuen. Zugedeckt 30 Minuten ziehen lassen.
Die Zimtstange und den Holundersirup dazugeben und zugedeckt auf kleiner Flamme 5 Minuten köcheln. In ein Sieb gießen, abtropfen lassen und in eine Pie- oder flache Auflaufform von 24 cm Durchmesser füllen.
Den Backofen auf 200 ° vorheizen. Den Teig auf einer bemehlten Arbeitsfläche zu einer runden Platte ausrollen, die etwas größer als die Pieform ist. Den Rand der Form mit Wasser bepinseln. Die Teigplatte auf die Beeren legen und am Formenrand gut festdrücken. Den Teig mit einer Gabel mehrmals einstechen.
Die Pie etwa 30 Minuten backen. Den Teigdeckel wie eine Torte in Stücke schneiden, auf Teller verteilen und die heiße Beerenmischung darüberlöffeln.

Amerikanische Pumpkin Pie

Eine typisch amerikanische Spezialität, die traditionell zu Thanksgiving gegessen wird.

Für eine Form von 26 cm Durchmesser:
Für den Teig:
220 g Mehl · 110 g Butter · 1 Eigelb · 1 Prise Salz
Für die Füllung:
500 g Kürbis ohne Schale und Kerne oder Kürbispüree aus dem Naturkostladen
1 Stück frische Ingwerwurzel
1 Prise Muskat · 100 g brauner Zucker
2 Eier · 150 g Crème fraîche · Fett für die Form

Aus Mehl, Butter, Eigelb und Salz einen Teig kneten, zu einer Kugel formen und 30 Minuten ruhen lassen.
Für die Füllung den Kürbis in Würfel schneiden und in Wasser 15 Minuten garen. Herausnehmen, gut abtropfen lassen und pürieren.
Den Backofen auf 200 ° vorheizen. Die Ingwerwurzel schälen, fein hacken und untermischen. Muskat, Zucker, Eier und Crème fraîche unterrühren. Eine Form einfetten, den Teig ausrollen und hineinlegen, dabei einen Rand von ca. 3 cm formen. Die Füllung auf dem Teig verteilen und im vorgeheizten Backofen 45 Minuten backen. Auskühlen lassen.

Variante: Sie können noch 3 EL Rosinen und 3 EL gehackte Pecan- oder Walnüsse unter die Füllung mischen. Auch gegen 2 cl Rum oder Brandy ist nichts einzuwenden!

Kürbiswaffeln

125 g weiche Butter · 3 EL Zucker

1 Päckchen Vanillinzucker

4 Eier · 1 Prise Salz

abgeriebene Schale von 1/2 unbehandelten Zitrone

250 g Sahne · 250 g Mehl

200 g Kürbis ohne Schale und Kerne

Butter oder Öl für das Waffeleisen

Puderzucker zum Bestäuben

Die Butter mit dem Zucker und Vanillinzucker in eine Rührschüssel geben. Die Eier trennen. Das Eigelb zur Butter geben, Salz und abgeriebene Zitronenschale zufügen. Alles mit dem Handrührgerät schaumig rühren. Etwa die Hälfte der Sahne dazugießen, das Mehl untermischen, dann die restliche Sahne unterrühren.

Das Eiweiß steif schlagen und gleichmäßig unter den Teig heben. Den Kürbis auf der Gemüsereibe fein raspeln und unter den Waffelteig rühren.

Das Waffeleisen einfetten und erhitzen. Jeweils ca. 2 EL Teig hineingeben und goldgelbe Waffeln ausbacken. Vor dem Servieren mit Puderzucker bestäuben.

Kürbiswaffeln mit Vanille und Orangenlikör

Für ca. 12 Waffeln:

300 g Kürbis ohne Schale und Kerne

4 cl Orangenlikör (z. B. Grand Marnier)

125 weiche Butter · 4 Eier

1 Prise Salz · 250 g Mehl · 1/4 l Milch

1 EL gemahlene Mandeln

2 Vanilleschoten

Öl für das Waffeleisen

Puderzucker zum Bestreuen

Den Kürbis fein raspeln und in kochendem Wasser kurz blanchieren, gut ausdrücken und mit dem Orangenlikör mischen. Die Butter mit den Eiern und dem Salz verrühren. Mehl, Milch und Mandeln langsam dazugeben.
Die Vanilleschoten aufschlitzen, das Mark auskratzen, unter den Teig mischen und 30 Minuten gehen lassen. Die Kürbisraspel unterheben und das vorgeheizte Waffeleisen einölen.
Jeweils ca. 3 EL des Teiges auf das Waffeleisen geben und so nacheinander ca. 12 Waffeln ausbacken. Nach Belieben mit Puderzucker bestreuen.

Herzhafte Kürbisquiche

Für den Teig:

250 g Mehl · 125 g Butter · 1 Ei

1 EL Wasser · 1 Prise Salz

Für den Belag:

500 g Kürbis ohne Schale und Kerne (ersatzweise 500 g Kürbismus aus dem Glas)

100 g Räucherspeck · 2 EL Öl · 1 große Zwiebel

2 Knoblauchzehen

Salz · schwarzer Pfeffer aus der Mühle

1 TL Thymian

0,2 l Gemüsebrühe · 3 Eier

150 g Crème fraîche

100 g Bergkäse, frisch gerieben

3 EL geschälte Kürbiskerne (Reformhaus)

Das Mehl in eine Schüssel füllen. Die Butter in Würfel schneiden, mit dem Ei, dem Wasser und dem Salz dazugeben. Alles mit den Knethaken des Handrührers zu einem Teig verarbeiten. Den Teig zu einer Kugel formen, in Folie packen und für mindestens 30 Minuten kühl stellen.

Den Kürbis in kleinere Stücke, den Räucherspeck in kleine Würfel schneiden. Den Speck in 1 EL Öl ausbraten. Die Zwiebel schälen, fein hacken und mit dem Kürbis dazugeben. Den Knoblauch schälen und darüberpressen. Mit Salz, Pfeffer und Thymian würzen, mit der Gemüsebrühe aufgießen und zugedeckt 15–20 Minuten weich dünsten, pürieren und auskühlen lassen.

Den Backofen auf 200 ° vorheizen. Eine Form von 26 cm Durchmesser fetten, den Teig ausrollen, in die Form legen und

einen 3 cm hohen Rand formen. Die Eier mit der Crème fraîche, dem Bergkäse und der Hälfte der Kürbiskerne unter das Kürbispüree rühren, nochmals würzen und die Mischung auf dem Teigboden verteilen.
Mit den restlichen Kürbiskernen bestreuen und im vorgeheizten Backofen 45 Minuten backen. Die Quiche in Stücke schneiden und nach Belieben mit einem kleinen Blattsalat als Vorspeise für 6 Personen oder als Hauptgericht für 4 Personen servieren.

Tip: Es gibt im Naturkostladen schon fertiges Kürbispüree zu kaufen, dann geht's schneller. Sie können den Kürbis aber auch durch Zucchini oder eine Mischung aus verschiedenen pürierten Gemüsen ersetzen.

Kürbisbrot mit Kräutern

Für 1 Kastenform von 25 cm:

300 g Mehl · 1 Würfel Hefe · 3 Eier

0,1 l Olivenöl · 1 TL Salz

schwarzer Pfeffer aus der Mühle

250 g Kürbis ohne Schale und Kerne

150 g gekochter Schinken in dickeren Scheiben

1 Bund Schnittlauch · 1 Bund Petersilie

Fett für die Form

Das Mehl in eine Schüssel sieben, in die Mitte eine Mulde drücken, die Hefe hineinbröckeln und mit 3 EL lauwarmem Wasser verrühren. Zugedeckt 5 Minuten gehen lassen. Dann die Eier mit dem Olivenöl verquirlen, mit Salz und Pfeffer

würzen und dazugeben. Alles zu einem geschmeidigen Teig verkneten und weitere 15 Minuten zugedeckt gehen lassen.
Den Kürbis und den Schinken in kleine Würfel schneiden. Den Schnittlauch und die Petersilie waschen und kleinschneiden. Den Backofen auf 200 ° vorheizen.
Kürbis, Schinken und Kräuter unter den Teig kneten. Eine Kastenform fetten, den Teig hineinfüllen und im vorgeheizten Backofen ca. 1 Stunde backen. Aus dem Ofen nehmen und auskühlen lassen.

Tip: Schmeckt super mit Knoblauchbutter oder einfach so zum Aperitif.

Marmeladen und Eingemachtes

Kürbis-Pfirsich-Konfitüre

600 g Pfirsiche

400 g Kürbis ohne Schale und Kerne

1 kg Gelierzucker

Saft von 1 rosa Grapefruit

Die Pfirsiche überbrühen, häuten, entsteinen und klein würfeln. Den Kürbis in kleine Würfel schneiden und mit den Pfirsichwürfeln in einen Topf geben. Mit Gelierzucker und Grapefruitsaft vermischen und unter Rühren zum Kochen bringen. 5 Minuten sprudelnd kochen lassen, die Gelierprobe* machen und, falls nötig, die Kochzeit verlängern. In 4–5 vorbereitete Gläser mit Twist-off-Deckeln füllen und sofort verschließen.

* Hierfür einfach einen Tropfen Marmelade auf ein kaltes Tellerchen geben und sehen, ob er sofort geliert. Wenn ja, hat die Marmelade genügend lange gekocht.

Kürbismarmelade mit Grappa

800 g Kürbis ohne Schale und Kerne

Saft von 2 Zitronen

Saft von 2 Grapefruits · 500 g Extra-Gelierzucker

4 cl Grappa

Den Kürbis fein reiben. Mit Zitronen- und Grapefruitsaft in einem Topf unter Rühren ca. 10 Minuten weich dünsten.
Den Gelierzucker unterrühren, die Masse zum Kochen bringen und 3 Minuten unter ständigem Rühren sprudelnd kochen.
Die Marmelade mit Grappa aromatisieren und noch heiß in 4 vorbereitete Gläser füllen. Mit Twist-off-Deckeln verschließen, sofort umdrehen und etwa 5 Minuten auf dem Kopf stehenlassen.
»Vorbereitete Gläser« müssen sauber und mit kochendem Wasser ausgespült sein.

Apfel-Kürbis-Konfitüre mit Zimt und Calvados

500 g säuerliche Äpfel · 500 g Kürbis ohne Schale und Kerne

Saft und abgeriebene Schale von 1 unbehandelten Zitrone

1 kg Gelierzucker · 4 cl Calvados · 1 TL Zimt, gemahlen

Die Äpfel schälen, vom Kernhaus befreien und mit dem Kürbis in sehr kleine Würfel schneiden. Zitronensaft und -schale zufügen und alles in einem Topf mit Gelierzucker vermischen. 4 Minuten sprudelnd kochen lassen. Den Calvados und den

Zimt untermischen. In vorbereitete (mit kochend heißem Wasser ausgespülte) Gläser füllen und sofort verschließen.

Kürbiswürfel in spanischem Brandy

500 g Kürbis ohne Schale und Kerne · 1 Vanilleschote

250 g Einmachzucker · 1 Flasche spanischer Brandy (0,7 l)

Den Kürbis in Würfel schneiden. Die Vanilleschote längs aufschlitzen, dann in vier Teile schneiden. Abwechselnd mit dem Zucker und dem Kürbis in vorbereitete Gläser mit Bügelverschluß schichten. Dann mit dem Brandy aufgießen und die Gläser verschließen.
Mindestens 3–4 Wochen kühl ruhen lassen. Ab und zu einmal umrühren, damit sich der Zucker besser löst.

Tip: Schmeckt super zu Eis und Vanillecreme!

Kürbis-Pickles mit Chili

2 kg Kürbis ohne Schale und Kerne · 1/2 l Rotweinessig

1/2 l Rotwein · 4 frische Chilischoten · 4 Knoblauchzehen

750 g Einmachzucker · 2 EL Salz · 1 TL Pfefferkörner

Den Kürbis in kleine Würfel schneiden. Den Rotweinessig und den Rotwein aufkochen, über die Kürbiswürfel gießen und über Nacht zugedeckt ziehen lassen. Die Chilischoten entkernen, waschen und kleinschneiden. Den Knoblauch schälen und in Scheiben schneiden.

Die Kürbisstücke mit einer Schaumkelle aus dem Essigsud nehmen. Diesen mit Zucker, Chili, Knoblauch, Salz und Pfeffer nochmals zum Kochen bringen. Die Kürbiswürfel zufügen und darin glasig kochen.
Anschließend mit einem Schaumlöffel herausnehmen und in Einmachgläser füllen. Den Sud noch einmal aufkochen und über die Kürbisstücke gießen. Sofort verschließen und kühl aufbewahren.

Tip: Eine leckere Beilage zu Fleisch, Geflügel und als Fonduesauce.

Kürbis-Ingwer-Relish

1 kg Kürbis ohne Schale und Kerne

1 Stück frischer Ingwer, ca. 4 cm

3–4 EL Obstessig · 1 kg Gelierzucker

Kürbis und geschälten Ingwer in kleine Stücke schneiden, mit Obstessig und Gelierzucker vermischen und zum Kochen bringen. 4 Minuten gründlich sprudelnd kochen, dann in vorbereitete Gläser mit Twist-off-Deckeln füllen.

Tip: Die süß-scharfe Würzsauce zu gekochtem Fleisch, Geflügel und Fisch servieren.

Kürbis-Zucchini-Relish

500 Kürbis ohne Schale und Kerne · 500 g Zucchini

1 Stück frischer Ingwer, ca. 2 cm

1/4 l Obstessig · 1 kg Gelierzucker

Kürbis zerkleinern, Zucchini und geschälten Ingwer in feine Streifen schneiden, mit Obstessig und Gelierzucker vermischen und zum Kochen bringen. 4 Minuten gründlich sprudelnd kochen lassen, dann in vorbereitete Gläser mit Twist-off-Deckeln füllen.

Tip: Die süß-saure Würzsauce zu Fleisch, Geflügel, Wild oder Fisch servieren.

Kürbis süß-sauer

2 kg festes Kürbisfleisch ohne Schale und Kerne

1/2 l Weißweinessig

1/2 l trockener Weißwein

1 Stück Ingwerwurzel · 1 Zweig Rosmarin

1,5 kg brauner Kandiszucker

1 Stück Zimtstange

Saft und Schale von 1 unbehandelten Zitrone

Das Kürbisfleisch in kleine Würfel schneiden. Essig, Weißwein und 1/2 l Wasser aufkochen, über die Kürbiswürfel gießen und mindestens 12 Stunden stehenlassen. Die Ingwerwurzel schälen und in Scheiben schneiden, den Rosmarin abbrausen.
Dann die Kürbisstücke herausnehmen, den Sud mit Kandis-

zucker und Gewürzen aufkochen, bis sich der Zucker aufgelöst hat. Die Kürbisstückchen darin glasig kochen. Mit einem Sieblöffel herausnehmen und in Gläser oder Steintöpfe füllen. Den Sud etwas einkochen lassen. Abgekühlt durch ein Sieb über die Kürbisstückchen gießen. Nach 3 Tagen nochmals abschütten, aufkochen und wieder über die Kürbiswürfel gießen. Gläser bzw. Steintöpfe mit Einmachhaut verschließen und kühl aufbewahren.

Tip: Paßt prima zu Wild, zu gekochtem Rindfleisch und mit Schinken und Salami als Vorspeise.

Kürbiswürfel süß-sauer

2 kg festes Kürbisfleisch · $^1/_2$ l Rotweinessig

1,5 kg weißer Kandis

1 Stück Ingwerwurzel, ca. 3 cm, geschält und in Scheiben geschnitten

1 Stück Zimtstange

Saft und Schale einer unbehandelten Orange

Das Kürbisfleisch in kleine Würfel schneiden. Essig und $^1/_2$ l Wasser aufkochen, über die Kürbiswürfel gießen und mindestens 12 Stunden stehenlassen. Dann die Kürbisstückchen mit einer Schaumkelle herausnehmen, die Essiglösung mit Zucker und Gewürzen (in ein Mullsäckchen eingebunden) aufkochen und die Kürbisstückchen darin glasig kochen. Mit einem Schaumlöffel herausnehmen und in Gläser oder Steintöpfe füllen. Die Essig-Zucker-Lösung etwas einkochen lassen und kalt über die Kürbisstückchen gießen. Nach 3 Tagen nochmals abschütten, aufkochen und wieder über die Kürbiswürfel gießen. Gläser bzw. Steintöpfe mit Einmachhaut verschließen und kühl aufbewahren.

Spätzle mit Kürbis und Champignons (Rezept siehe S. 83)

Senfkürbis mit Balsamico

1 kg Kürbis ohne Schale und Kerne

1 kg Gelierzucker · 1 EL Senfkörner · 1 TL Butter

Saft von 1 Zitrone · 5 EL Balsamico-Essig

Den Kürbis in kleine Würfel schneiden. Mit dem Gelierzucker verrühren und 24 Stunden zugedeckt ziehen lassen.
Die Senfkörner in ein kleines Mulltuch binden und mit der Butter, dem Zitronensaft und dem Balsamico zu dem Kürbis geben. Alles aufkochen und 4 Minuten sprudelnd kochen lassen. Anschließend in Gläser füllen.

Tip: Der Senfkürbis eignet sich sehr gut als Beilage zu gekochtem Fleisch und Geflügel.

Kürbis-Zwiebel-Chutney

750 g Kürbis · 300 g Zwiebeln · 1 EL Salz

300 g Äpfel · 1/8 l Obstessig · 100 g Zucker

1 TL Senfkörner · 1 Msp Zimt · 1 Msp gemahlener Piment

1/2 TL Senfpulver · Pfeffer aus der Mühle

1 TL abgeriebene Zitronenschale einer unbehandelten Zitrone

3 Knoblauchzehen

Den Kürbis schälen, entkernen und in Stücke schneiden. Die Zwiebeln pellen und klein würfeln. Kürbis und Zwiebeln salzen, über Nacht ziehen lassen, dann in ein Sieb geben und kalt abspülen. Die Äpfel schälen und in Achtel schneiden.
Den Essig erhitzen, den Zucker darin auflösen und Gemüse,

Früchte, alle Gewürze und zerdrückte Knoblauchzehen etwa 10 Minuten darin kochen. Vorbereitete Gläser mit der Masse sofort randvoll füllen und mit Twist-off-Deckeln verschließen.

Orangen-Kürbis-Chutney

2 Orangen · 750 g Kürbis ohne Schale und Kerne

2 EL Rosinen · 250 g brauner Kandis

8 EL Weinessig · 1 gestrichener EL Ingwerpulver

1 Prise Muskat, frisch gerieben

1 Prise Salz · 1 Msp Cayennepfeffer

Die Orangen waschen, schälen und entkernen. Mit dem Kürbis in kleine Würfel schneiden, die Rosinen zufügen und mit Kandis, Essig und Gewürzen unter Rühren zum Kochen bringen. 30–40 Minuten köcheln lassen, dann sofort in vorbereitete Gläser füllen und verschließen.

Kürbis-Chutney mit Aprikosen

250 g getrocknete Aprikosen · 1 kg Kürbis

300 g Zwiebeln · 5 Knoblauchzehen · 300 g brauner Zucker

Salz · 1 Prise Cayennepfeffer · 1 EL grüne Pfefferkörner

2 Lorbeerblätter · 1 Flasche Rotweinessig (0,7 l)

Die Aprikosen mit kochendem Wasser überbrühen und 30 Minuten quellen lassen. Den Kürbis schälen, entkernen und in dünne Scheiben schneiden.

Die Zwiebeln schälen und in Halbringe schneiden. Die geschälten Knoblauchzehen längs halbieren.
Die Aprikosen mit Kürbis, Zwiebeln und Knoblauch in einen großen Topf geben, den Zucker einstreuen. Salzen und mit Cayennepfeffer würzen, Pfefferkörner und Lorbeerblätter untermischen und mit dem Essig aufgießen.
Unter Rühren 45 Minuten köcheln, bis alle Zutaten weich sind und sich verbunden haben. Zugedeckt bei milder Hitze weitere 30 Minuten köcheln, bis fast alle Flüssigkeit verdampft ist.
Das Chutney heiß in vorbereitete Twist-off-Gläser füllen und gleich verschließen.

Tip: Eine pikante Beigabe zu gekochtem Fleisch und Geflügel.

Kürbis-Chutney mit Rosinen und Mandeln

1 kg Kürbis ohne Schale und Kerne · 250 g Zwiebeln

150 g Rosinen · 100 g Mandelstifte

je 1 Prise Piment und gemahlene Nelken

1 gestrichener TL Salz · 1 Prise Cayennepfeffer

$^1/_4$ l Rotweinessig · 500 g brauner Kandis

Den Kürbis schälen und in Würfel schneiden. Die Zwiebeln schälen, fein hacken und mit dem Kürbis in einen Topf füllen. Die Rosinen und die Mandeln mit Piment, Nelken, Salz, Cayennepfeffer und Rotweinessig dazugeben und gut mischen. Alles zum Kochen bringen und unter Rühren etwa 30–40 Minuten dick einkochen lassen. In vorbereitete Twist-off-Gläser füllen und verschließen.

Tip: Schmeckt prima zu Geflügel und als Fonduesauce.

REGISTER

Rezeptregister nach Sachgruppen

Vegetarische Hauptgerichte

Gratins und andere Gerichte aus dem Backofen

Risotti, Eier- und Gemüsegerichte

Nudelgerichte

Fisch, Fleisch und Geflügel

Fischgerichte

Alphabetisches Rezeptverzeichnis

L

M

O

P